ゆるく考えよう

人生を100倍
ラクにする思考法

ちきりん
〝おちゃらけ社会派〟ブロガー

イースト・プレス

はじめに

あなたは人生をトコトン楽しんでいますか？　仕事、趣味や遊び、家族や友人とのつきあいはもちろん、食べること、眠ること、ボーッとする時間まで含め、楽しみながらストレスなく快適に過ごしているでしょうか？

「人生を楽しく、ラクに過ごすためには、もうちょっとゆるく考えたほうがいいよね」——ちきりんがそう考えはじめたのは、失われた10年が20年になり、明らかに時代が変わりつつあるにもかかわらず、今までと全く同じように「とにかく頑張る式」のやり方を続けることが、あまりにも非生産的に思えたからです。

今まではすべての人がよりどころにできる「幸せの型」があったかもしれません。滅私奉公型で働く夫と家事と子育てに専念する専業主婦、もしくは家族一丸となって商売に邁《まい》進《しん》する自営業家族、といったスタイルが、まっとうな生き方の例として確立されていました。高度経済成長の時代は、周りの人と同じことを「頑張って」やっていれば経済的にも報われてきたのです。

しかし今の時代は、頑張れば報われるとはいいがたいものです。それよりも、自分にとって「好き」「楽しい」「ラク」を貫くほうが何ごともうまくいくんじゃないか、とちきりんは考えています。

好きなことなら夢中になれるけど、嫌いなことはついつい後回しにしてしまう……そんなちきりんとしては、我慢してやっていることがよい結果につながるとは到底思えません。自分がラクで楽しく感じられることをやって生きるのは、甘えでも逃げでもなく、むしろそれこそが正しい道のはずなのです。

今までの決まりごとに捕らわれず、自分の「好き」「楽しい」「ラク」を優先する――それはつまり「自分基準」で生きるということです。

また、日本には「良薬口に苦し」ということわざがあり、まるで「つらいこと＝価値があること」のようにいいたがる人がいます。けれど、論理的に考えれば一番いいのは「楽しくて、ラクで、価値があること」であり、まずはそれを目指すべきではないでしょうか。

日本社会には「社会のため全体のために、個を抑制し我慢すること」を美徳とする考えが蔓延《まんえん》しています。この本では、それらの社会が押しつけるガチガチの固定観念に縛られず、自由に楽しく自分らしく生きるためには、生活の様々な面でもう少し「ゆるく」、たとえばこんなふうに考えればいいのじゃないかな、とちきりんが感じたことをまとめています。

中には「おちゃらけ」ているように見えたり、極論に思えることもあるかもしれませんが、「こんな考え方もあるのか！」というひとつの例として読んでみていただければ幸いです。

ゆるく考え、ラクに楽しく生きましょう！

ちきりん

CONTENTS

ゆるく考えよう 人生を100倍ラクにする思考法

4 仕事をたしなみ、未来をつくる

5 ストレスフリーで楽しく過ごす

1

ラクに生きる

♪ 目標は低く持ちましょう！

ちきりんは高すぎる目標を持たないようにいつも気をつけています。今までの人生において、達成が不可能に思えるような高い目標を掲げたことはありません。それどころか「達成が困難そうなこと」や「多大な努力が必要と思えること」も目標にはしてきませんでした。そんな高いところを目指すより、少し手を延ばせば届く範囲のことで人生を楽しめばいいと思っているからです。

「宝くじが当たったら何を買おう？」というようなくだらない妄想にはよく耽《ふけ》りますが、だからといってお金を稼ぐために必死で働きたいとも思いません。手元にある範囲でやりくりして暮らしていければ十分です。

また個人としてだけではなく、自分の国である日本の将来に関しても大きな期待はしていません。だから日本の将来についても極めて楽観的です。

日本の将来に悲観的な人の多くはそもそも期待値が大きすぎるのです。たとえばそういう人は「世界第2位の経済大国である日本」を維持したいと考えたり、「国際社会でリーダーシップを発揮し、諸外国から尊敬される日本」を夢想しているようです。

確かにこんな体たらくの国でそんな高い目標を掲げたら悲観的にもなるでしょう。でも、そんな高みを目指す必要はないのです。

世界には200もの国があります。その中で世界2位とは、トップ1%です。あなたは今まで自分の人生において、トップ1%を目指したことがありますか?

500人の高校で、勉強でも運動でも「俺はトップ5人に入る!」などと思っていたでしょうか。たいていの人はそんなだいそれた希望を持ったことはないはずです。

学校にもひとりやふたり、「特別な」子供がいますよね。勉強も運動もできて話もうまく、生徒会長にも委員長にもクラブの部長にも選ばれるような子供です。そういう人に凡人が勝負を挑むのはバカげています。

GDP総額では、アメリカが1位で日本は長らく2位でしたが、これからいよいよ中国に抜かれます。日本はアジアで1番ではなく2番の国になるのです。これを悲しむ人もいるようですが、よく考えてみてください。経済規模の絶対額で、人口1億人の国が13億人の国に勝てるほうがおかしい。負けて当たり前なのです。

今でこそワールド・ベースボール・クラッシックでも日本が優勝しています。しかし、日本チームにはイチローはひとりしかいませんが、同じ確率であおいう人が出現すれば、将来の中国チームは「補欠まで含め、13人のイチローがいる」チームになるのです。せいぜい今のうちに勝っておいて、全然勝てなくなった将来には「あの頃はよかった」と、縁側でお茶でも飲めばよいのです。

また、日本は中国に抜かれた後に経済規模で3位を維持できるかといえば、他にもインドやロシアのような人口の多い国や資源国が控えていますから、そのうち世界で6位くらいになっても不思議ではありません。しかし、200カ国のうちの6位ならまだまだ先進国の一員ですし、全く問題はないでしょう。

実際、数百年単位で見ても「たとえ一時期でも1位や2位が張れる国」というのは限られています。無敵艦隊スペイン、大英帝国、ローマ帝国など、ある時代は栄華を極め世界のトップにあった国が、数百年後に6~10位あたりに落ち着くというのはよくあるパターンです。日本も次はそのあたりでいいではないですか。「自分が生きているあいだに2位を経験できてラッキー!」くらいに考えておけばいいのです。

ちきりんは原始時代に戻りたいわけでも、戦後の焼け野原に戻りたいわけでもありません。でもバブル前の１９８０年あたりの経済規模まで戻っても、日々の生活がそんなに不便になるとも思えません。むしろ成人病が減るなどいいこともあるでしょう。

国際社会におけるリーダーシップも、アメリカ、中国、ロシアなど、野望の大きな国に任せておけばいいのです。無理して多額のお金を使い、国連常任理事国になっても、普通の人の生活は何ひとつ楽しくなったりしません。

また、シリコンバレーを例にとって、「日本人はグローバルに活躍できていない」という人もいますが、日本より圧倒的に人口の多いインドネシア人や、同じ先進国であるフランス人やドイツ人は、そんなにシリコンバレーで活躍しているのでしょうか？

日本は目標が高すぎるのです。「アメリカと互角に！」とか「中国には負けるな！」とか過大な野望を持つのはやめて気楽にいきましょう。個人も同じです。目標を低く設定すると楽になれます。幸せに生きるためにも、目標は低いほうがいいのです。

♪ 人生は早めに諦めよう！

すべての人は、いつか人生を諦めなければなりません。なぜなら人はみんないつか死ぬからです。その時点では、誰もが人生を諦めることになります。

けれどその前に、「いつ、どのタイミングで、どんな理由で、人生のどの側面を諦めるか」ということは、人によって大きく異なります。中には「死の間際まで諦めなかった」という人もいるでしょう。反対に、非常に早く多くのことを諦めて生きている人もいます。

ちきりんは、日本人は他の国の人より全体的に「諦めるのが遅いのではないか？」と感じています。そしてそれが不幸の元だと思っています。多くの人は、もっと早めにいろいろ諦めたほうが楽に生きられるはずです。

「階層」や「階級」のある社会では、小学生くらいの子供でも、周りを見て「自分にはあの人たちのような人生は決して手に入らない」と理解します。そしてその時点で一定の職業や生活については諦めるのです。

たとえばイギリスやフランスに生まれれば、大半の人は小学校の終わりくらいで、「自分にはオックスブリッジやグランゼコールに行ってエリートキャリアを歩み、大企業の社長や政府高官になって高給を得るのは無理だ」とわかります。

韓国のように財閥や富豪が多く存在する貧富の差が激しい国でも同じでしょう。インドでも法律で禁止されているとはいえ、国内で生きる限りカーストは一生つきまとうでしょうし、中国だって同じ上海に生まれた子供でも、上海の戸籍があるかどうかで人生は大きく分かれてしまいます。

また、南米の庶民の子供たちが将来の夢としてよくサッカー選手を挙げるのは、それがほとんど唯一、高い階層や階級に生まれなくてもお金や地位・名声を得られる職業だと、子供ながらによく理解しているからです。

一方、日本だと、小学校や中学校のクラスで将来の夢を聞かれたとき、「この夢は○○君には可能だろうけど、ボクには無縁だな」と思う子供は多くはないでしょう。

社会人になるときも同じです。欧米だと入社した時点で「自分がこの会社で役員になることはありえない」と多くの人は理解しています。役員になるような人は全く違う経歴で、自分たちとは違う入り口から入ってくるからです。

しかし日本では大学から新卒で就職した人の多くが、「自分も将来は部長くらいまでなれて、うまくいけば役員になる可能性だってある」と思っていそうです。4月1日の入社式に並ぶ新入社員はみんな全く同じ条件で雇われており、あたかも横一線に並んでキャリアをスタートするかのように誤解させられています。でも実際には、何百人もの新入社員の全員が「同じ確率で役員になれる」はずはありません。

それなのに「すべての人に同じだけのチャンスがある」などと思い込み、諦めずにずっと必死で働き続けることが「不幸の元」なのです。

諦めていないと、人は頑張りますから。無駄なのに……。

経営者にとっては、多くの人がそう誤解して必死で働いてくれるのはありがたいことでしょう。しかし客観的に見れば、「周りより仕事が遅いみたいだ、出世するのは無理かも」と思った人は、職場での評価にこだわるより早めに別の人生の楽しみ方を覚えたほうが楽しく生きられるはずです。

子供も同じです。「勉強は得意じゃないかも」と思ったら、勉強が必要だということを早めに諦め（させ）たほうがいいと思います。塾だの家庭教師だのと大金を注ぎ込んでも、正直いってたいして結果は変わらないでしょう。

「人生の天井」を中学生くらいで知ること、知らせることを不幸と考える人もいるのでしょうが、ちきりんは反対に「そういうことが40歳までわからないよりは、中学生くらいでわかったほうがよい」と思っています。

仮に非常に早い段階で「自分にはなれない職業がある、手に入れられない生活がある」と理解したとしても、人生全部を諦めて絶望する必要は全くありません。むしろそれは早めに「進むべき道が現実的に選べる」ということを意味します。

しかも、中高年になってから諦めるのは子供の頃に諦めるよりつらいものです。もっと遅く、老後を迎えてから気がついたら、もう方向修正はできません。気がつくなら早いほうがよいのです。

貧困国の子供を見て「屈託《くったく》のない笑顔」と表現する人がいますが、彼らは、自分が手に入れられるモノ、入れられないモノを子供の頃から熟知しています。貧しい彼らがカメラに向かって笑顔をつくれるのは、旅行者が自分たちに向けるそのカメラさえ、自分が手に入れることは一生ないと理解しているからです。関係のない世界だから羨《うらや》ましいとも妬《ねた》ましいとも思わないのです。

過大で過分な夢を持たないこと、それが楽しく生きるために重要なのです。

♪ 退屈な時間を楽しもう

なぜそんなに忙しい生活が嬉しいのだろう?

やたらと忙しい休日を過ごしている人を見ると、そんな疑問が浮かんできます。

「常に他の人と積極的に関わりを持ち、アクティブに行動する」ということに、むやみにポジティブな価値を感じている人っていますよね。

「朝から運動して一汗流し、午後から映画を見に行って、夕食は○○会で大いに飲み大いに笑って、夜はベストセラー本を読む」という日曜日が、「昼頃に起きてラーメンを食ってボーッとしている間に暗くなり、夕方からテレビを見ながらビールを飲んでいたら、また眠くなって寝てしまった」という日曜日より、「充実した日曜日である」と感じる人は、みんな何かに洗脳されています。

そもそも「充実した休日」って、言葉として矛盾しています。なぜ休日が「充実」している必要があるのでしょう？　休日は「休む日」なんだから、1日ゴロゴロしていて疲れがとれたらそれで十分です。

平日も休日もですが、「予定が入っていることがいいことだ」という考えは、下品です。時間に追いまくられることが、あるべき姿ではありません。

旅行も同じです。あそこに行って、ここに行って、あれを見て、これを食べて……。「旅行は疲れる」という人はそういう旅行をしているのでしょう。せっかく個人で旅行しているのに、まるでパッケージ旅行のように何から何まで予定を立てて予約を入れて、時間に追いまくられて旅行する。

予定がないと不安になるから事細かに予定を立てる一方で、予定通りに進まないことがでてくると焦ったり怒ったり罪悪感を覚えたりする。これではいったい何のために旅行しているのかわかりません。

仕事に関しては予定を立てて効率的に進めるのは当然でしょうが、休日なんて効率的に過ごす必要はありません。実際ちきりんも休日の予定を立てるのは大嫌い。また、1日に複数の予定は絶対入れたくないと思っています。「土日にひとつずつ予定がある」のも鬱《うっ》陶《とう》しい。たまに「ああ、今週は予定がある」くらいでいいのです。

退屈すること、予定が入っていないことが怖くなると一種の現代病です。この病気にかかっていると思う人は、一度「何ひとつ有意義なことをしない3日間」を過ごしてみればよいと思います。ときどき「こんなんでいいのだろうか？」と思う瞬間もありますが、そんなときは血中アルコール濃度をほんのちょっと上げれば「これでいいのだ」と思えます。

ニートをやたらと問題視する考えもどうかと思います。誰にも迷惑をかけていないなら、全く有意義なことをしない人生も選択肢として認められるべきでしょう。「有意義に生きたい人」は、自分だけ有意義に生きてください。他人にそれを押しつける必要はありません。他の人に、「有意義に生きていない人は存在意義がない、社会的に無駄である」とかいうのはやめてほしいものです。

ニートのもともとの意味は、「仕事も勉強も職業訓練もしていない状態」ということですが、その前提には「仕事と勉強と訓練にしか価値がない」という考えがあります。この考えこそ問題ではないでしょうか。世界の全員がたった3つのことにしか価値を認めないなんて、ちょっと怖いです。

退屈な時間が楽しめること、それでこそ「余暇の達人」といえるのです。

♪ 多数派が正しいわけではない

世の中で多くの人がやっていることをやらないと、「なぜ?」と聞かれます。定職についてないと「なぜ?」、40歳で結婚していないと「なぜ?」、結婚5年目で子供がいなくて「なぜ?」と問われる人も多いでしょう。

この「なぜ?」は、正確にいえば「なぜ多くの人がやっていることを、あなたはやらないのか?」という質問です。ですが質問者はたいてい思考停止状態なので、その質問の裏側に、「なぜみんなと同じことをする必要があるのか?」という問いも成り立ちうると気がついていません。

自分がやっていることは、世の中の大半の人がやっていることである。したがって、自分は「普通」であり、普通でない人に「なぜ?」と聞くことは自然なことである、と質問者は思っています。でも世の中の正否は多数決で決まるものではないし、人と違うことをやること、考えることは、不自然なことでも悪いことでもありません。

日本でも、2代前の時代なら「なぜ女なのに大学に行くのか?」と問われました。今なら女性でも大学へ進まなければ「なぜ大学へ行かないの?」と反対の質問が投げかけられることも少なくないでしょう。時代が変われば何が普通かということも変わります。昔、大学に進学した女性は「時代の先取り」をしていただけです。

作家の谷崎潤一郎氏は、最後の妻、松子さんと双方に配偶者がある身で出会っています。ある日、谷崎氏は松子さんに「お慕《した》い申しあげております」とプロポーズします。谷崎氏48歳のときです。

48歳で双方に配偶者があって、わざわざ両方離縁して再婚しようってすごいですよね。別宅のある作家なんて珍しくもなかった時代です。不見識なことをいえば「非公式な関係」もありえたでしょう。でもふたりはどちらも離婚して、再婚します。

こういうのは「みんなが東だから俺も東」という行為ではない、ということです。時代や周りがどうあれ、彼は離婚して再婚しなければならないと思ったし、相手は松子さんでなければならなかったのです。「なんとなく」とか、「成り行きで」とか、「そろそろそういう時期だから」結婚したわけではありません。

世の中の多数派の人は、少数派の人に対してむやみに「なぜ?」と聞くのはやめましょう。みんなが東に歩いているときに西に向かう人は、心から西に行きたい人なのです。「他の人がやっているから」という理由ではなく、「西を志す強い理由」があるから西に向かっているのです。その人に、「俺は世の中と同じことをしているのに、なぜ、お前は人と違うことをするのか?」と聞く。こう考えるとちょっと恥ずかしくなったりしませんか。そして、あなたが「少数派」の人でも思い悩む必要は全くありません。

結婚している方へ…世の中の大半の人が結婚しない世の中でも、あなたは結婚しますか?
大学へ進学した方へ…世の中の大半の人が高卒で働く時代でも、あなたは進学しますか?
働いている人へ…世の中の大半の人が働いていない世の中でも、あなたは働きますか?

♪ 人生の主役を生きる

昔の作家や哲学家などが残している名言の中で、強く共感した言葉があります。

最も好きなのは、フランスの女性小説家、フランソワーズ・サガンの「たとえ悲しくて悔しくて眠れない夜があったとしても、一方で嬉しくて楽しくて眠れない日もある人生を、私は選びたい」という趣旨の言葉です。

彼女は若くして小説がヒットし大金を手にします。すると様々な思惑のある大人たちが彼女の周りに集まってきました。彼女はそういう人たちとオープンにつきあい、ときに無茶をします。それに対して「善良なる大人たち」が彼女に忠告します。

「つきあう人を選びなさい。誰があなたのことを本当に考えていて、誰があなたのお金に惹かれているのか、見極めてつきあうべきですよ」と。

そのアドバイスに対する彼女の回答が先ほどの言葉です。

騙されること、利用されること、傷つけられることを必要以上に怖がり、器用に避けて生きる必要はないでしょう。それらを怖れて何もしなければ、楽しくて嬉しくてすばらしいことにも出会えないのだから。私がほしいのは「何も起こらない平穏で退屈な人生じゃないのよ」と彼女はいっているのです。

人生には、悲しいこともつらいこともあって当然です。だからこそ一方で、嬉しくて楽しいことも起こりえるのです。いいにしろ悪いにしろ感情を大きく揺さぶることが何もない人生なんて全くつまらない。泣いたり笑ったり、怒ったり喜んだり、感情豊かに生きていきたい。彼女はそういう生き方を選びます。

他の作家の言葉にある「人生の傍観者になるな。観客席に座っていてはいけない。舞台に上がって自分の人生の主役を演じるのだ」というのも同じ意味でしょう。

ボーッと観ていると、人生という名のお芝居はいつの間にか終わってしまいます。お芝居を観るのもそれなりに楽しいけれど、やはり主役として演じなければ本当の楽しさはわかりません。

観客席に座って、「ああ、俺は大学に行くのだな」「就職するのか」「そうか、ここで結婚するのか」と、自分の人生をまるで他の誰かが演じているかのように観ていては生きる意味がありません。

生きるということは、観客席から立ち上がり、舞台に立ち、自分で自分の人生のストーリーを決め、そのためにどう振る舞うか、自ら決めることなのです。

ちきりんがこれらの言葉を知ったのは大学生の頃です。当時、大学に行くということに「当事者意識」が持てていませんでした。みんながそうするから、そういうものだから、進学しただけです。でも、これらの言葉に出会い、「人生を傍観している場合じゃない」と衝撃を受けました。このまま流されていたら、誰が演じても同じ舞台（人生）になってしまう、と気がついたのです。

将来のために我慢して、準備して、危ない橋を避け、安全だとわかる道だけを選んでいたら、きっと「大失敗もないけど、飛び上がるほど嬉しいこともなかった」人生になってしまいます。

人生はいつ終わるかわかりません。それは明日かもしれない。だから今まさに、この時点から、自分の人生を主役として演じるべきなのです。

♪ 日本はすばらしい国

ちきりんは日本がすごく好きだし、すばらしい国だと思っています。アメリカへ留学していた2年間を除いてずっと日本で暮らしていますが、外国に住みたいと思ったことは一度もありません。こんなナイスな国に住んでいるのになんでそんなことを思う必要がある？って感じです。

（理由1）日本ほど食べ物がおいしい国はありません。イタリアでは確かにイタリア料理はおいしいけれど、ここまで多彩な世界のグルメが日本ほど高いレベルで食べられるわけではありません。世界から見れば、日本は驚愕のグルメ・アイランドです。

（理由2）日本では決めたことが実行されます。家具を買って配送を頼むと、予定日に届きます。2時発の電車は2時に出発します。飛行機に乗る際に荷物を預けると、到着地で荷物が返ってきます。これらは「グローバルスタンダード」では信じられないようなことなのです。こんなに「ストレスフリー」な国は他にありません。

（理由3）日本は平和で犯罪も少ない。真夜中に若い女性がひとりで歩ける、世界では稀な安全な環境に私たちは住んでいます。

日本だと家を借りるときに治安を気にする人は少ないですが、世界の大都市にはそもそも「住んでいい地域」と「住んではいけない地域」があり、まずはそれを理解することが家探しの第一歩です。

テロも1995年のサリン事件以来15年起きていません。町中で自爆テロが起きるイスラエルや、テロが絶えないアジアの国、2001年以降大型テロに狙われ続けている米英などに比べてとても安心度の高い国です。

以前、実際にあった事件ですが、酔った日本人男性がアメリカ行きの飛行機に乗って外人の客室乗務員に冗談をいいました。茶色い紙袋を示し、「爆弾だ」といった後、すぐに「冗談、冗談！」といったのです。それを「爆弾だ。ヨルダン、ヨルダン！（に行け！）」

と聞き取った乗務員はすぐさまパイロットに非常通報し、飛行機は成田に逆戻りしました……。平和でないと冗談もいえません。

（理由4）昔は日本も他国に攻め込んだりしていましたが、ここ60年以上、そういうことをしていません。自分の国の軍隊が、石油のために他国にミサイルをぶち込んで一般人を殺しているなんて、考えただけでも気分が悪いでしょ。

（理由5）最近は日本でも格差、貧困問題が云々《うんぬん》されますが、世界基準でいえば日本はまだかなり平等な国だと思います。統計的な貧困率やジニ係数はそうでもないようですが、実感としては、「じゃあ、日本より平等な国ってどこ?」って感じです。

（理由6）日本は神を信じなくていいからすごく自由です。アメリカのキリスト教、中東のイスラム教、韓国の儒教、どれも個人の生活様式にはもちろん、法律や国の政策にまで影響しています。「楽しいお祭りはとりあえず祝う」日本は気楽でよいです。

（理由7）日本は、自然と四季が多彩ですばらしい国です。北海道と沖縄をひとつの国の中に持っていて（これは画期的なことです！）、日本海側と瀬戸内、太平洋側は違った海の表情があり、山と緑に覆われた内陸にもそれぞれに個性があります。加えて四季もある、圧倒的な多彩さです。

さて、これでいかに日本がすばらしい国かわかっていただけたと思いますが、加えて日本は未来もとても明るいのです。理由は3つあります。

〈理由1〉日本には「ユニークバリュー」があります。

ビジネスの世界において価値の源泉は「他と違う」ということです。これをマーケティング用語で「差別化要因」といいます。他と同じで「あんなのどこにでもあるよね」ではダメなのです。他者と決定的に違う何かを持っていれば、必ず世界にはそれを「好ましい価値だ」と感じる人がいます。

ご存じのように〝日本だけが世界で異質〟という面はたくさんあり、それは「日本が世界に売り込めるユニークな価値を多く持っている」ということです。

ただ、日本はマネタイズ（収益化）がすごく下手なのです。「他と違うユニークな点」をビジネス化して経済成長につなげることができておらず「変わった国ニッポン」を自虐的、内輪的に楽しんでいるだけです。

「すごくユニークですごい数のアクセスがあるのに、何のマネタイズも行われてなくて、それ系の趣味人だけが楽しんでいるサイト」みたいな国です。それでも、何の価値もないのに検索エンジン対策やマネタイズの工夫ばっかりやっているサイトよりは、よほど将来性があります。日本に足りないのは「本源的な価値」ではなく、それを戦略的に事業化してマネタイズする人なのです。

（理由2）若者が昔に比べて優秀です。

では、そういう人が今後もでてこないか、といえば、そんなことはないでしょう。今は確かに「マネタイズする人」、つまり「国家戦略と国家運営のリーダー」や「経営トップ」の力不足もあり、日本はビジネス的に成功していません。

でも今の20代の人たちは、30年前の20代の人よりかなり優秀です。当時の大学は文字通り「レジャーランド」でした。一方、就職状況が厳しい今の学生は勉強もよくするし、留学して語学力を磨き、他大学や外国の学生とも交流します。イベントを企画したり、ボランティアを経験したり、中には起業もしてみるなど学生のときから社会と関わる人も少なくありません。行動力、英語力、視野の広さ、自分で考える力、どの点から見ても1980年頃の学生より優秀です。「最近の若者は……」などという人は、自分が若者のときのことをすっかり忘れてしまっているのでしょう。

（理由3）世界の中心に近くなる！
これから世界の中心は「西欧」から「アジア」に変わります。これは日本にとってはとても有利です。

たとえば金融分野では、ニューヨークとロンドンが世界の中心ですが、日本からはそこに行くだけでも12時間かかるし、電話会議のためには時差で真夜中に起きないといけないなど、とても消耗します。

しかも他の先進国の言語は全部ローマ字だし、食事もベースが同じ、契約概念や宗教慣行も似ています。これまで先進国の中では日本だけが地球の裏側にあって、唯一の「非西欧国」として文化的なベースを共有していないなど、やたらと余計なコストがかかっていました。

でも、これから世界の市場の中心は、上海や北京、香港、広州、シンガポール、デリーやムンバイなどになります。先日「自動車の市場規模において、中国がアメリカを抜いて世界一になる」と報道されていましたが、そうなると欧米の自動車メーカーは、世界最大の市場まで出張するために12時間かかるようになります。一方で日本の自動車会社のトップは日帰りが可能です。

また、同じ文化ベースを共有していることの意義は、アジアでの日本の女性誌の人気、韓国ドラマのアジア全体でのブームなどを見ると明らかで、これは、食品、生活用品、アパレル、小売りなど様々な業界において競争上優位に働くでしょう。ユニクロとZARAとGAPが世界で競争するにしても、最大の成長市場が西欧、アフリカや南米の場合と、そうではなく中国やアジアであるという場合では、ユニクロの有利さは相当違うはずです。

というわけで、世界のビジネス（市場）の中心が、遠くて異質な西欧から、距離的、文化的に近いアジアに移りつつあることは、日本にとってとても有利な要素です。

日本はすばらしい国であり、日本の将来はとても明るいのです！

♪ 日本はアジアのイタリアに

日本がギリシャのように財政破綻するのではないか、と心配する人や、このままでは日本は決してシリコンバレーのようになれない、と嘆く人がいますが、ちきりんは日本はギリシャにもならないし、シリコンバレーのようになる必要もないと思っています。

そもそも消費税が5％だからこんなに財政赤字なのであって、消費税を他の先進国と同じように20％くらいにしたら日本の財政状況は一気に好転するでしょう。

日本が目指すべき国は、アメリカでもイギリスでもなく、イタリアです。具体的にいえばこんな国です。

（経済）世界で10位から20位くらい（先進国のしっぽのあたり）

（政治）ぐちゃぐちゃ。「こんな奴が首相でいいのか？」といいたくなるレベル

（国際社会でのプレゼンス）特になし
（歴史）現代より、歴史＝過去に栄光あり！
（首都）世界が憧れる大都市。ユニークに熟れた都市文化が存在
（田舎）交通は不便だが、すばらしく美しい。地元グルメも豊富
（教育）ゆとり。この国の教育レベルが高い、などという人は世界に存在しない
（英語）みんな下手
（企業）ごく少数の国際レベルの企業はあるが、大半の企業は自国市場のみで通用する
（闇社会）マフィアややくざがそれなりのプレゼンスを持ち、クスリなども比較的簡単に手に入ってしまう
（失業率）常にそこそこ高い
（格差）大きい。田舎は都会とはかなり生活レベルが違い、都会にも貧しい人が多い
（出生率）低い。少子化が止められない国
（食事）世界トップレベルのおいしさ。世界中でブームが定着
（ファッション）食事と同様、独自のスタイルが世界の注目を集めている
（国家ブランド）強い。「イタリア製」「日本製」という言葉には高い付加価値がある
（観光産業）海外、特に圏内（日本の場合はアジア）から多数の人が押し寄せる

（文化）アメリカのエンターテイメント産業の真似ではないローカルカルチャーが花開いている。イタリアと日本は、あのフランスが文化面で憧れる世界で唯二の国

（まとめ）グローバル国家ではなく、超ドメスティック志向の国。「俺の国が一番いいじゃん」系

こう見てみると、既にほとんど一緒ですね。イタリアと日本の違いは「気の持ちよう」だけです。イタリア人の多くが「イタリアはこれでいい。すばらしい国だ」と思っているのに、日本には「これではダメだ！」という人が多すぎます。一部にそういう人がいてもいいけど、みんながそんなことを思う必要はありません。

「日本が大好き！」とみんながいう国になりましょう！

2

「自分基準」で生きる

仕事・家庭・趣味「3×3分割図」で人生設計

仕事に人生を捧げる人、「俺は趣味に生きる！」と決める人、専業主婦として子育てに邁進する人など人生はいろいろです。そういった「人生のタイプ」を、図1のような「人生3×3分割図」を使うと、簡単に、また視覚的に把握することができます。

横軸には、自分で人生を決めはじめる20歳から平均寿命の80歳までの人生の時間を取り、「20年×3つの期間」に分けています。

縦軸は睡眠時間を除く稼働時間を100％として表しており、それぞれの年代で人生の時間を何に使うかを「仕事」「趣味＝個人の時間」「家庭」の3つに配分し色分けしていくのです。

たとえば図2は、「猛烈サラリーマン」の人生です。若い頃は少しは趣味もあったもの

図1　人生3×3分割図

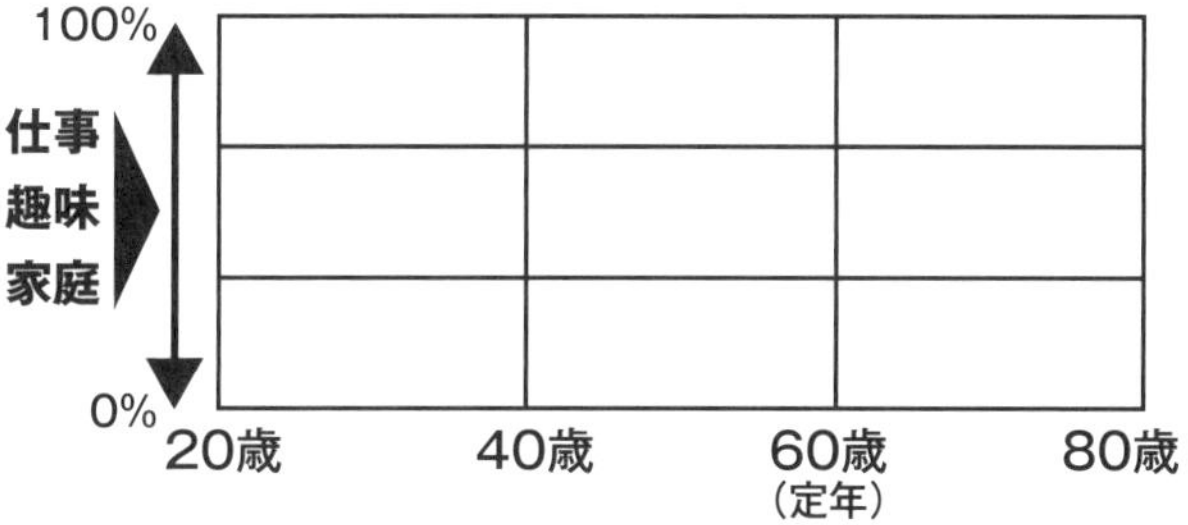

図2　猛烈サラリーマン

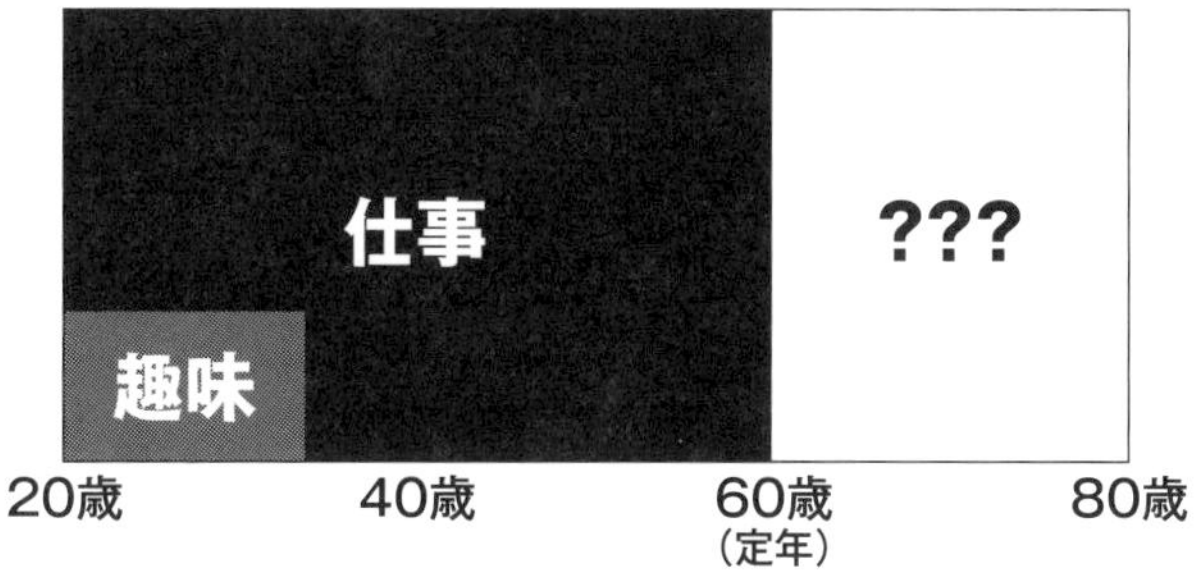

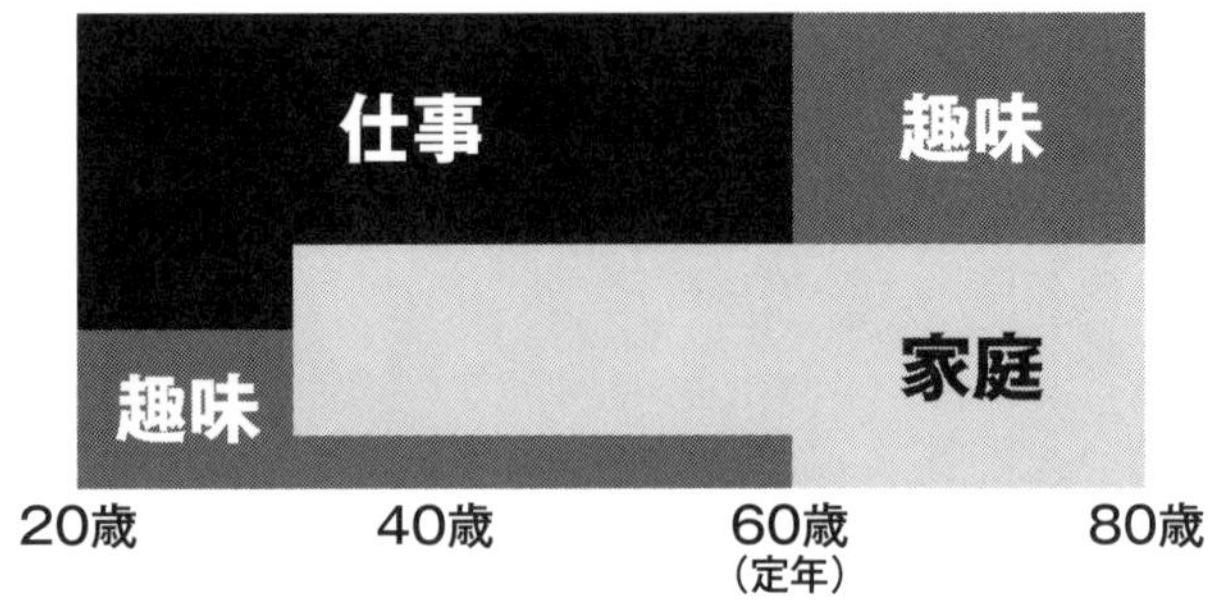

の、その後は仕事だけの人生。結婚していてもこういう生活の人はいて、自営業ならいいのですが、会社員の場合は定年で仕事が消えると、残りの20年、何をやっていいかわからなくなるパターンです。

図3は、「家事に協力的な共働き夫」です。若い頃は仕事も趣味もと充実した日々を送り、結婚して子供ができた後は個人の趣味を諦め、仕事もセーブしながら育児や家事を分担。定年後は家族の時間と自分の趣味を楽しむ、というパターンです。

子供が小さいあいだは自分の趣味に使える時間はごく限定的で、頻繁に海外旅行をするとか、日曜日に部屋にこもって趣味に没頭するということは難しくなります。

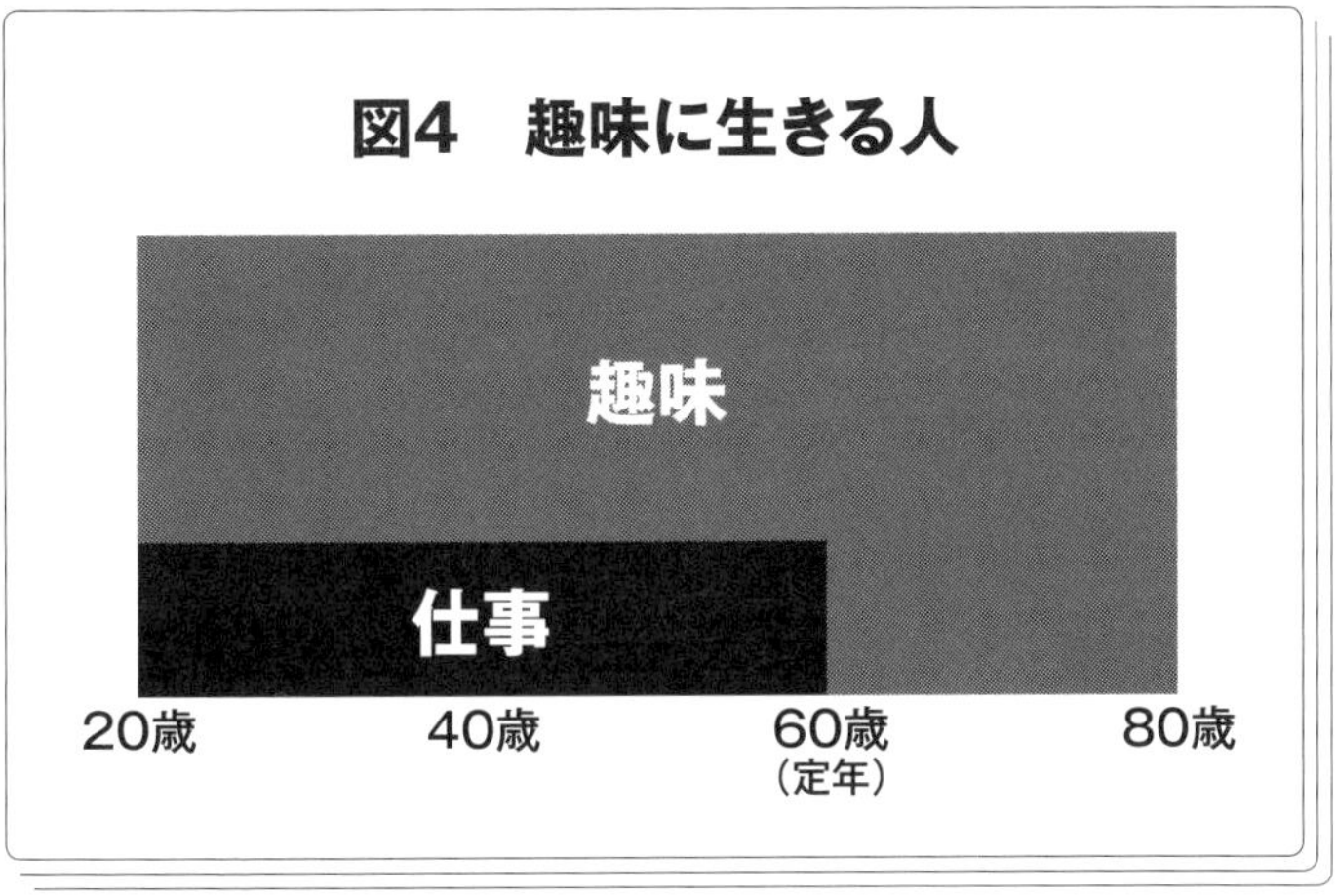

一方、世の中には家庭を持たず、図4のように仕事は最低限で人生のほぼすべてを個人の趣味嗜好のために使う人もいます。

趣味の内容は人によって異なり、自宅でひたすらゲームやネットに熱中する人もいれば、ボランティア活動や登山など外でアクティブに活動する人もいます。

そして最後の図5が働くお母さん。これを先ほどの「家事に協力的な夫」と比べてみてください。

夫には子育て時期にも「趣味」という個人の時間が少しは確保されていますが、お母さんのほうはこの時期、純粋に個人の趣味に使える時間はほとんどなくなります。たとえ夫が協力してくれても女性の負担は膨大で、ワーキングマザーでは「仕事と家庭の両立はできるけれど、自分の時間は土日も含めて皆無に近い」という人も多いのが現状です。

ちきりんがこの図で伝えたいことは、人生の時間の使い方には大きく括れば「仕事」「趣味」「家庭」の3つがあり、個々人には「人生のある時期、この3つのうちどれを選ぶかという選択権が与えられている」ということです。

たとえば3つの中からひとつだけを選ぶと、

仕事のみを選ぶ　↓　猛烈サラリーマン（またはサラリーウーマン）
家庭のみを選ぶ　↓　大家族同居の専業主婦（主夫）
趣味のみを選ぶ　↓　ニート、大金持ちの息子など

ふたつを選べば次のようになります。

仕事＋家庭　↓　キャリアウーマン、共働きで家事を分担する夫
家庭＋趣味　↓　優雅なセレブ主婦
仕事＋趣味　↓　ディンクス夫婦（共働きで子供がいない夫婦）

図5　働くお母さん

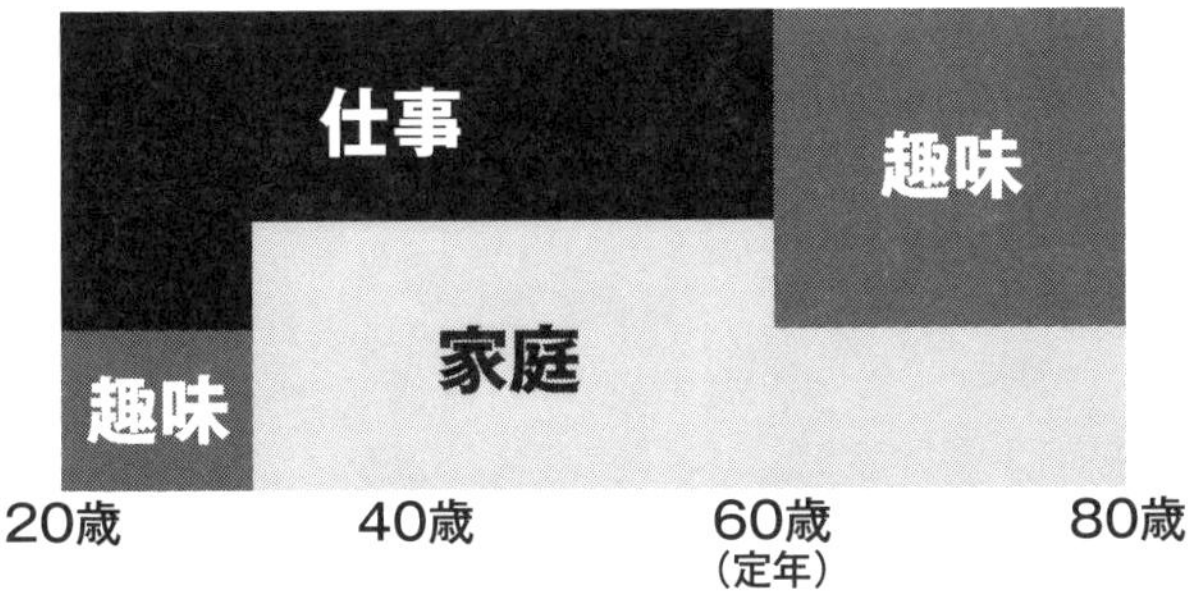

ただし一時期に「3つとも選ぶ」のは誰にとっても非常に大変で、本人が才能に恵まれることはもちろん、その他にも様々な条件に恵まれないと困難でしょう。つまり人生設計とは、「仕事、家庭、趣味の中から、最大ふたつを選ぶ」という選択であり、反対から見れば「どれかひとつを諦める」という選択なのです。

ときどき学生さんなどから「この会社では仕事と家庭を両立できますか?」と質問されることがありましたが、そういうときはこの図を示し、「両立できますよ。その代わり、仕事と子育てをしているあいだは自分個人の時間はないと思ってくださいね」と説明していました。

みなさんもこの図を使い、過去から現在までの自分の生活を視覚化して振り返ってみたり、将来の計画を立ててみてはいかがでしょうか。また、定期的に現状をチェックしてバランスを調整するのもひとつの使い方です。

3つすべてを同時に選ぶのは難しくても、時期をずらせば、一生のうちに仕事、家庭、個人の趣味のすべてを楽しむこともきっとできるでしょう。

「ヒマだからやっていること」との遭遇

「人生3×3分割図」とは別の視点で考えると、私たちが毎日やっていることは、次の3つに分けられます。

(1) やらなくてはならないこと
(2) やりたいこと
(3) ヒマだからやっていること

睡眠時間を除く生活時間にそれぞれが占める割合はどのくらいでしょうか。

たとえば、赤ちゃんの毎日は100%「やりたいこと」だけで占められていますが、小学校に入ると「やらなくてはならないこと」がでてきます。中学受験をする小学5年生であれば、「やらなくてはならないこと＝90%」かもしれません。一般的には中学、高校と進級・進学するほど「やらなくてはならないこと」は増えますが、大学生になると（特に文系の場合）、「やりたいこと」に使える時間が一気に増えます。

就職活動がはじまるまでの大学生の生活は、こんな感じでしょう。

（1）やらなくてはならないこと（ゼミなど最低限の授業への出席）＝20％
（2）やりたいこと（旅行、バイト、飲み会、人づきあいなど）＝80％

もちろん生活費を自分で稼ぐ必要があったり、資格試験のために「やりたいこと」に使える時間はほとんどないという大学生もいるので、個人差も大きいのが大学時代です。

働きはじめてからも価値観によってそれぞれの割合はかなり違います。お気楽サラリーマンだと、

（1）やらなくてはならないこと（仕事）＝50％
（2）やりたいこと（飲み会、買い物、趣味、旅行、恋愛）＝50％

仕事人間だと、仕事は「やりたいこと」という分類に入るので、

（1）やらなくてはならないこと（家事、家族サービス）＝10％
（2）やりたいこと（仕事）＝90％

専業主婦に憧れていたものの、実際になってみると退屈……という人もいるでしょう。
（1）やらなくてはならないこと（家事）＝30％
（2）やりたいこと（趣味、友人とランチやエステやお買い物）＝40％
（3）ヒマだからやっていること（無理矢理つくった趣味や近所づきあい）＝30％

でも、子供ができて生活が次のように変わると育児ノイローゼになる人もいます。
（1）やらなくてはならないこと（家事、育児）＝80％
（2）やりたいこと（ごくごくたまに友達と会う）＝20％

一生暮らせる資産があり、自由に生きられる人だとこういう感じでしょうか。
（1）やらなくてはならないこと＝なし
（2）やりたいこと（趣味、その他）＝100％

「やりたいこと」の多い人生を!

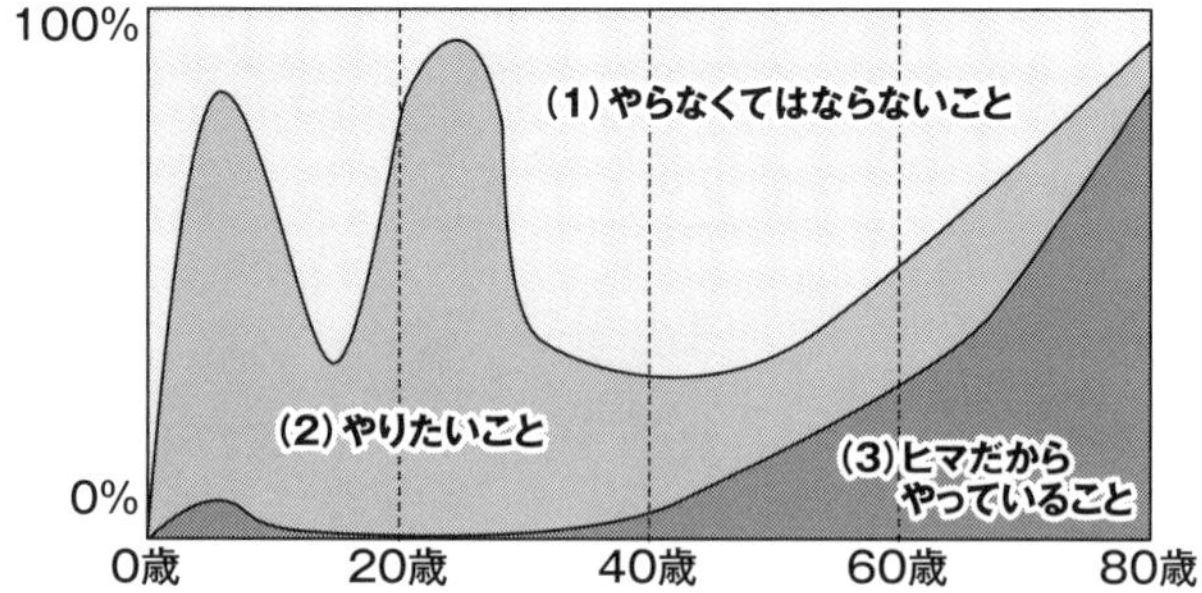

またこの割合の時系列変化を図表化してみると上の図のようになります（図はデータに基づくものではなくイメージです）。

図を見ると、「やらなくてはならないこと」が急増する時期が2回あります。最初は、小学校後半から大学入学までの勉強が大変になる時期。ここでついていけなくなると、不登校や非行、中退や引きこもりなどが発生します。

大学生から社会人になるときにも「やらなくてはならないこと」が急増するため、就職しても短期間でやめてしまう人がでてきます。「やりたいこと中心の生活」から、「やらなくてはならないこと中心の生活」に移行するのは、誰にとってもつらいことです。

また30～40代は働き盛りと子育てが重なり、「やらなくてはならないこと」の割合が非常に高いまま10年、15年と頑張らねばなりません。昨今この年代のメンタルヘルス問題が注目されていますが、確かにこれではストレス過多にもなりそうです。

最後に「ヒマだからやっていること」に注目してみましょう。実は若いときは誰でもその部分がほとんどありません。若い頃はやりたいことが多すぎて時間が足りないのが普通なのです。しかし一般的には50歳くらいから「ヒマだからやっていること」がでてきます。

たとえば、若くして結婚し、子育てが早く終わってしまった50代主婦は、

（1）やらなくてはならないこと（手抜きな家事）＝30％

（2）やりたいこと（通販や韓流ドラマ観賞、近所の噂話）＝50％

（3）ヒマだからやっていること（ボランティアでもやる？　それともジムでも通おうかしら？）＝20％

男性でも同様の年齢になって「そろそろ仕事も限界が見えてきた。これ以上頑張っても仕方ないな」という時期になると、

（1）やらなくてはならないこと（展望が見えなくても拘束時間は長い仕事）＝60％

（2）やりたいこと（酒を飲むくらいかなあ）＝20％

（3）ヒマだからやっていること（お金もないし、結局はごろごろ）＝20％

といった具合です。特に、「定年退職」「子供の独立（子育ての終了）」「離婚」などのイベントがあると3つのバランスが急変し、精神的に対応できなくなる人もいます。

「ヒマだからやっていること」は、60歳以降さらに急増します。寿命が60歳の時代であれば、人生は「やらなくてはならないこと」と「やりたいこと」だけで構成されていたはずです。しかし、栄養改善や医学の進歩のおかげで生物としての寿命だけが延び、一方で社会的な寿命＝社会における高齢者の生活のあり方が変わっていないので、延びた寿命を埋めるために「ヒマだからやっていること」が増えているのです。

いい換えれば、自然科学の進歩に社会科学がついていけていないともいえます。ようやく定年退職して自由な時間が得られたときに「ヒマだからやっていること」が生活の多くを占めるというのは、なんとも皮肉なことです。できれば若い頃から、そしてできるだけ長く「やりたいこと」中心の生活を送りたいものですね。

欲望を取り戻せ!

スーパーマーケットの棚を見ていると、あまりに商品数が多くて驚くことがよくあります。多様化する消費者の好みに合わせて開発が続けられた結果でしょう。昔は家族全員が同じシャンプーを使っていたのに、今では家族が3人いれば3種類のシャンプーが風呂場に並びます。食べ物の場合は、場面に応じてひとりが複数商品を選択することも多く、さらに種類が増えます。けれど本当にこんなに多くのものが必要なのでしょうか?

商品やサービスには、人のライフスタイルや人生のあり方を変えるようなものと、個々人の精神的な満足度を向上させるものがあります。

前者の代表的なものは、車や新幹線、飛行機です。これにより、地方に生まれても東京で成功する人や、インドで生まれてもシリコンバレーで成功する人がでてきました。様々な家電の登場により既婚の女性が働けるようになり、インターネットも世界を大きく変えようとしています。

一方、新たに発売される商品の大半は、ライフスタイルを大きく変えるわけではなく「より自分の好みに近い商品」として提供されています。機械的な商品だけでなく、新しい風合いの生地や、自然界には存在しなかった花まで「開発」される時代です。

もちろん物理的な欲求が充たされた後、人々が精神的な満足度を求めるのはごく自然なことです。ただ重いものはほぼ全員が重いと感じますが、何をおいしいと感じるかは人によって大きく違うように、心は体より圧倒的に非画一的です。だから心の満足を求めはじめると、商品数はとめどなく増えてしまいます。

ちきりんは欲望自体を悪いものだとは思っていません。より楽しいモノ、より便利なモノ、よりおいしいモノ、よりワクワクするモノを手に入れたい！と感じるのは、経済にとっても、個人の人生にとっても大事なことです。

けれど最近は、「自分はニセモノの欲望を押しつけられているのではないか」と感じることがあります。企業はよく「隠れたニーズを掘り起こす」といういい方をしますが、実際には潜在的な欲望が発掘されているのではなく、たいしてほしくもなかったモノを、マーケティングや広告、もしくは「売れている」「みんなが熱狂している」という話に惑わされて「ほしいような気持ち」にさせられていると感じるのです。しかも今はご丁寧に、クレジットカードからキャッシングまで用意されており、なんでもごく簡単に手に入ります。

けれど、欲望とは「モノ」のことではなく、「何かを心からほしくなる気持ち」のことです。私たちは、モノを簡単に手に入れる代わりに、「欲望」を取り上げられてしまっているとはいえないでしょうか。

最近ちきりんは、「外から押しつけられる過剰な欲望を排して、自分のピュアな欲望を取り戻したい」と強く思うようになりました。物欲を捨てて仙人のように暮らしたいわけではありません。そうではなく「自分のオリジナルな欲望」と「つくられて付着させられているニセモノの欲望」を区別したいのです。そうしないと、**ほしいモノをすべて手に入れておきながら、なぜか家の中には不要なモノが溢れている**ように感じるという、矛盾した状況から逃げだせません。

ほしいと思えるモノをピュアに感じたいし、自分はこれがほしかったのだと心から楽しい気分になれるモノだけに囲まれて暮らしたい。でもそれは、棚に大量に並べられた商品を見ながら「どれにしようかな」というようなショッピングで見つかるモノでもないし、画面に向かって次々と「購入する」ボタンをクリックし、商品を買い物かごに入れていけば手に入るモノでもないのです。

「本当にほしいモノ」を峻別《しゅんべつ》すること。「自分のオリジナルな欲望」を取り戻すこと。大量供給、大量消費社会における逆説的な贅沢《ぜいたく》に、ぜひ挑戦したいものです。

「一点豪華基準」で選ぼう！

人は大事なことを決めるとき、通常は「総合評価方式」で検討します。これは、「商品Aは高いけど好きなデザイン、でもちょっと使いにくそう。商品Bは安いけどダサい、だけど使いやすそう」というように、価格、デザイン、使い勝手など複数の基準で選択肢を比較し、最後に総合的に判断する方法です。

この方法の最大の問題は、最も凡庸で取り柄のない選択肢が選ばれてしまうことです。たとえば、マンション購入の例で考えてみましょう。

(A) 使いやすい間取りでデザインもとても素敵。しかし価格はかなり高く、駅から20分以上かかる

(B) 駅前にあり、1階がコンビニで立地と利便性の面では最高。ただし日当たりが悪いし、価格も相当高い

（C）駅から10分。ごく普通の間取り。そこそこ日当たりもよい。価格はごく平均的
（D）駅からバスで15分。かなり古い物件。ただし窓の外が緑化公園ですばらしい景色。価格も格安

こういう場合、総合評価方式では「特に悪いところのない」Cが選ばれがちです。しかしよく見ると、Cには何ひとつ「ココがすごい！」という点がありません。Aは物件としては最高、Bは立地が最高、Dは環境が最高で格安です。一方、Cには何も決め手がないのに選ばれてしまうのです。

これを「一点豪華主義」で選ぶとどうなるでしょう。この方式で選ぶためには、まず「自分にとって最も大事なのは、デザイン、利便性、自然環境、価格のどれだろう？」と考えます。そして、その点で最も優れている選択肢を選ぶのです。この方法であれば先ほどと違い、Cが選ばれることはありえません。

なんでもそうですが、事前にどんなに慎重に検討して選んでも、選んだ後には必ず不満

が残ります。したがって、後から不満がでてくることは最初から前提とし、「たとえ不満がでてきても納得できる選択肢はどれか？」という視点で選ぶべきなのです。

そしてそんなときに最も満足しやすいのは、「いろいろ不満はあるけれど、自分にとって一番大事な点でこの選択はベストだった！」と確信できるものを選んでおくことです。

たとえば、「デザインがこんな素敵な物件は他になかった」とか「この利便性は他ではありえない」というように、自分にとって最も大事な点で満足できていれば、他の不満は我慢しやすくなります。これが一点豪華主義のよい点です。

実際の場面で一点豪華主義で選択する際には、自分が大事だと思うひとつの基準以外については、考えうる限りの悪条件を想定すればよいでしょう。たとえば就職する会社を選ぶ場合、「給与はどうでもいい。仕事がおもしろければそれでいい」という人なら、それ以外の条件にはトコトン目をつぶる。これが一点豪華主義です。そして自分に問うのです。たとえその仕事が、

・毎日残業が続き、休日出勤が頻繁であっても、

・地方への転勤が高い確率でありえても、
・給与が手取り月18万円で、しかも数年間ほとんど上がる見込みがなくても
・仕事内容が非常におもしろくて楽しいなら、
自分はこの仕事を選んでよかったと思えるか？と事前に自分に問うのです。

また「自分は趣味のバンド活動に使える時間さえ確保できれば満足だ」というなら、「労働時間は朝9時から夕方5時までで残業ゼロ、夕方以降は毎日自由になる。ただし、非常に退屈な仕事で給与も低い。それでも自分はバンド活動ができれば幸せか？」と考えればいいですよね。

新卒のときには「自分にとって何がそれほど大事か」わからない場合もあるでしょう。でも、一度働きはじめると「自分はこれだけは譲れない、（もしくは）これだけは耐えられない」ということが一気に明確になります。就職して数年以内でやめることを否定的にいう人もいますが、「自分にとっての一点豪華基準」が理解できたなら、それも決して悪いことではありません。

さらに突き詰めていけば、一点豪華基準で判断をすることは「生き方の多様化」につながります。「あなたにとって、仕事を選ぶ際に大事な基準を10個挙げてください」というと、結局みんな同じような10個の基準を選びます。けれど「最も大事な基準をひとつだけ選んでください」というと、10人が同じ基準を選ぶことはありえません。

それぞれがバラバラの「自分にとっての一番」を挙げて選択すれば、多様な基準に基づいて判断がなされ、誰も彼もが同じ会社を志望することはなくなります。一点豪華基準は「価値観の多様性」、「社会の多様性」につながるのです。

できるだけ早く「自分にとっての一点豪華基準」を見つけましょう。そして、他の人とは違うけれど自分としてはとても満足できているという**「一点豪華人生」**を送りたいものです。

「やめる」決断ができれば「はじめられる!」

日本の組織や人の特徴のひとつは、「やめる判断が遅い」ことです。

後継ぎがいない零細企業の高齢者も自分が倒れるまで会社を売らないし、旧カネボウも会社が崩壊するまで、粉飾決算までして紡績《ぼうせき》事業を持ち続けました。これらは、大々的に日本に進出してきてもダメだとわかれば数年で撤退を決める欧米企業の行動とは、大きく異なります。

戦争のときも同じです。この国の指導者は敗戦が確実でも、国が滅びそうになるギリギリまで降伏すると決められませんでした。

やめることを避けるのは個人も同じです。夫婦関係において、「ダメだ……」と思ったら躊躇《ちゅうちょ》せず離婚する欧米と、「まずは修復しよう」とし、それでダメでも「もう少し様子を見よう」と何年か冷却期間をおいて離婚する日本。転職でも同じですね。「この仕事じゃないよ、俺の人生の時間を投資すべきは」と思えば、入社1年目でも転職する欧米に対して、「石の上にも3年は我慢」の日本。

なぜこんなに「撤退」ができないのでしょう？

解雇規制が厳しい日本では、閉鎖した部門で働く人の処遇に困るから撤退が遅れるなどの理由もあるでしょう。しかし、日本企業や政府などの組織が撤退の判断ができない本当の理由は、「リーダーがその責務を果たしていない」という点にあります。

実際、たとえ赤字でも、思考を止めて惰性に身を委《ゆだ》ね、昨日と同じことを淡々と進めるのは楽なことです。何かを変えるにはエネルギーが必要で、誰かが泥をかぶらないと大きな変化は起こせません。

本来は、この「泥をかぶってでも、変化を起こす人」がリーダーであり経営者です。工場をひとつ閉めるとなると、経営者の仕事は大幅に増えるし、ましてや事業部門を閉鎖するのは気が遠くなるほど大変な仕事です。高齢になってから「社長の順番が回ってきた経営者」は、そんなことには手をつけたくないのが本音でしょう。

一方、欧米ではそういう大変な仕事への対価として高額な経営者報酬が払われており、株主も「変化は嫌い、大きなことはやりたくない」などという経営者を認めません。

突き詰めていえば「リーダーとは何する人ぞ」という概念の違いです。欧米では「変化させる人」こそリーダーですが、日本では「できるだけ混乱を起こさないことがトップの務め」です。こうして日本は「誰も終わりを決められない国」になってしまっています。

個人に関していえば、「やめることを問題視する道徳観」の影響が大きいです。

多くの学生は就職のとき、「会った人がすばらしい人だった」などという、ほとんど意味のない理由で会社を選びます。そんな適当な理由で入った会社でも、やめるとなるとやたらと悩むのです。「自分の頑張りが足りないのではないか?」と考える人までいますが、生まれて初めて選んだ仕事が、自分の人生を賭けたい仕事であったなどという「運命の出会い」は起こらないほうが普通です。

しかし、日本には「たとえ適当にはじめたことでも、簡単にやめてはいけない」という道徳観があります。周囲もやたらと「即断すべきでない」というプレッシャーをかけます。やめることは「逃げ」とか「根性がない」といわれ、とてもくだらないことでも、続けることに、やめることより高い道徳的価値がおかれます。

そのうえ「有終の美」「散り際の美学」という言葉が象徴しているように、日本には「終わりに美しさを求める」傾向があります。

「Ｅｘｉｔ戦略」という言葉があるように、欧米の企業にとって終わり方は「戦略」です。「ここぞ」というタイミングで「これしかない」という終わり方を、積極的かつ主体的に選ぶ。そのため彼らははじめたときからずっと「どう終わるべきか」を考えています。

それは一定の基準にそって決断される「合理的な終わり方」であって、美しくて郷愁にあふれた映画のエンディングとは異なります。一方、日本人の多くにとって「最後」とは特別な「涙の幕引き」であって、そこに「美」の概念さえ求められます。

しかし、そうやって「美しい終わり方を求めて、合理的な撤退の判断を避けに避けたあげく、ひとつだけ残った選択肢を仕方なく選ぶ終わり方」は本当に美しいものでしょうか？　主体的に終わりを選ばないことで、結局は「無念な敗退」を迫られているとはいえないでしょうか？

どんなに事前に計画しても結果はやってみないとわかりません。これはビジネスも人生も同じです。「違っていた」とわかったら速《すみ》やかにやめることです。人生の時間を無駄にする必要はありません。

また、「終わる判断」ができるようになれば、人も企業も新しいことへもっと自由にチャレンジできるようになります。いったんはじめるとやめられないから、新しいことをはじめるのに躊躇するのです。やめる勇気を持ちましょう。そして、どんどん新しいことを試してみるのです！

人生の先輩の助言は、聞くべきなのか

親「勉強しろ」
中学生の息子「勉強なんか嫌いだ。得意でもない。大学なんか行かない！」
親「お前は世の中がわかっていない。大学だけは行っておけ」

娘「離婚したい」
母親「夫婦は耐えるものよ」
娘「もう我慢できない。この人と一生を過ごすのは無理なの！」
母親「私も（あなたの）お父さんと何度も別れようと思ったの。あなたも年を取ったらわかるわ。今から考えれば、あのとき別れなくてよかった」

よくある会話です。これ、いったいどちらが正しいのでしょう？　親だって嘘をついているわけではありません。子供のためにいってくれています。

実はこれらは、「誰が」が正しいという問題ではなく、「何について話しているか」によって、どちらが正しいか分かれるのです。

たとえば数十年で変わることについては、年配者のアドバイスは無用なだけでなく害にさえなります。30歳で生んだ子は自分とは30年違う時代を生きるのですから、30年以内に変わることについては、親の経験に基づいたアドバイスは役立ちません。

今から30年前の１９８０年前半といえばバブル経済がはじまる前で、日本の未来はひたすら明るく見えていました。一方でインターネットも携帯電話もありませんでした。そんな時代の経験から学んだ両親や先生、ずっと年上の社会人からの「大学だけはでておけ」「●●業界は将来有望だ」「とにかく若いときは我慢しろ」のようなアドバイスが役に立つとは考えにくいですよね。しかも世の中が変わるスピードは益々速くなっています。

一方、「人間の本質」に関わるようなことは１００年でも変わりません。生まれて、成長して成熟して、老いて死んでいく、というサイクル。嬉しいとか好きだとか楽しいとか、反対に、羞恥心《しゅうち》、嫉妬心、憤《いきどお》りのような人間の感情のありようも、太古の昔から変わっていません。こういった「生物としてのサイクル」や「感情や心」に関わるようなことに関しては、人生の先輩がいうことをよく聞いておけば後からきっと役に立つはずです。

たとえば「死」を意識したときに人はどのような心持ちになるのか、人生はどう見えるのか……それを知る若者はほとんどいません。一方還暦を超えれば多くの人がそのことを意識します。それが若い頃にわかっていれば、生き方が変わったという人も少なくないはずです。

他にも、「親は子供にどんな気持ちを持つものなのか」「大事な人を失ったら、どういう気持ちになるのか」なども若いときには想像しにくいことです。「年を取らなければわからないことがある」というのもまた事実なのです。

したがって、人生の先輩たちが仕事選びや子供の教育などについて何かもっともらしいことをいってきても、若い人はそれを聞く必要はおそらくありません。でも「人間として、人との関わりにおいてどう生きるべきか」という話であれば、それには謙虚に耳を傾けましょう。そうすれば、取り返しがつかなくなってから後悔することを避けられます。

実はこのことをさらに一歩進めると、より大事なことが見えてきます。それは、「人として、人との関わりにおいて、体験し、感じ、成長してこなければ、後輩に残せる言葉はひとつも得られない」ということです。いくら社会的に立派なキャリアを積み、ビジネスで大成功しても、それらから得られた学びは次の時代には通用しません。

しかし、子供や親や友人や同僚と向き合い、ポジティブな感情だけではなくネガティブな経験や感情も含めて、「人として」いろんなことを感じ、学んでおけば、きっと次の世代に伝えるべき、価値ある何かが得られることでしょう。

自分に近いものにこだわりすぎるのはやめよう!

大学時代に社会学の授業で、「未来予測が当たらない最大の理由は、予測者が未来に対して『こだわり』を持っているからだ。『こだわり』があると考えが偏向し、中立的な予測ができない」という考え方を学びました。

考えてみれば当然のことです。巨人の熱烈なファンには、野球でどこが優勝するか正しく予測できないでしょう。巨人にぜひ勝ってほしいという「こだわり」のために客観的な戦力判断ができなくなるからです。同じように「親に自分の子供の実力が客観的に判断できない」こともよくあります。

では株式投資をしていない人なら株価が正しく予測できるかというと、そうでもありません。「他の人が株式投資で大きく儲けたら悔しい」という気持ちがあると、「株価なんて下がればいいのだ!」という「こだわり」ができてしまい、予測が偏向してしまうからです。

一般に人が一番こだわるものは、「自分」か「自分の会社」、そして「子供」や「家族」ですが、この意味するところは、「自分にとって最も大切なものについてこそ、強いこだわりがあるために正しく判断できない」という矛盾です。

人生には進学、結婚、就職、転職など様々な決断点があります。そのたびに人は真剣に慎重に考えます。でも自分は自分の人生に強いこだわりがあるため客観的な判断ができず、そのために間違ってしまうのです。

自分の人生を自分で選択するのは、わざわざ巨人の熱烈なファンを呼んできて、「来年の優勝チームはどこだと思うか?」と聞くのと同じくらいバカげた方法だというわけです。ではどうすればいいのでしょう?

違う観点から考えてみましょう。これは「こだわりの対象」となりうるものを「自分からの距離」によって整理したものです。

距離ゼロ　（例：自分の人生へのこだわり）
短距離　（例：自分の子供の人生へのこだわり）
中距離　（例：日本の教育制度についてのこだわり）
長距離　（例：世界平和に関するこだわり）

次第にこだわりの対象が遠くなる人とは、
若い頃「俺は金持ちになりたい！」と起業　↓　そのうち「家族に何不自由のない生活をさせてやる」「息子には最高の教育を！」と仕事に邁進し　↓　事業が大きくなり安定すると「日本はこのままじゃダメだ！」と感じて積極的に社会問題に関わりを持ちはじめ　↓　最後は「世界平和に貢献できる人を育てたい」と、留学生やＮＰＯの支援、若手政治家の育成に乗りだす、という人です。

一方で、こだわりの対象までの距離がだんだん短くなる人とは、
「世界に貢献したい！」と、若い頃に世界放浪　↓　帰国後に世界と比べておかしな日本

に対して、「日本を変革する！」と意気込み、関連分野で起業→そのうち家族ができると「家族こそ自分にとって最も大事なものだと気がついた」と「家族派」に転じ→晩年は、「永久に死にたくない！」「俺をずっと大事にしてくれる後継者を、次の社長にしたい」と思いはじめる、最後は自分のエゴに戻ってしまう人です。

このふたつのパターンを比べれば、こだわりをどの距離に持つべきかよくわかります。こだわりを遠くにおけば、人はたいした影響力を及ぼすことはできません。「日本の○○業界を変えるぞ！」といっても、業界内の企業やそこで働く人を意のままに動かしたりはできません。しかし自分の会社なら後継者は自由に選べるし、親であれば子供のキャリア選択には半強制的な影響力を持てます。

近い狭い範囲のことにこだわりを持ちすぎると、影響力が大きすぎて間違いが起こりやすくなるのです。しかもこだわりが強い人は熱心で頑固です。その力が小さなモノに向かうと、ものすごく大きく間違ってしまいます。

つまり、自分の大事な家族や会社、そして自分自身に関する判断で失敗しないためには、できるだけ遠くにある、広い範囲のことにこだわりの対象を移していけばよいのです。それにより「身近なことへのこだわり」を少しでも小さくでき、自分や大事なものにとっての判断が少しでも客観的になります。

私たちはついつい「自分にとって大事なもののことだけ」をじっくり考えてしまうものですが、ときには、自分とは無関係にも思える世界や社会の様々なことに視点を移してみてはいかがでしょう。案外そのほうが、自分のことに関しても適切な判断ができるようになるかもしれません。

3

賢く自由に「お金」とつきあう

¥

10年以上のローンはダメです

住宅金融支援機構や銀行が返済期間50年の住宅ローンをはじめたと聞いたときは驚愕しました。ちきりんは住宅ローンの主流である35年ローンでさえ長すぎると思っています。50年ものローンを組んで何かを買うのは、分不相応とさえ思います。

そもそも、35年もの長期ローンは経済の成長期、すなわち「適度なインフレと経済成長が長期にわたって続く時代」＝「給与も不動産価格も毎年上がる時代」につくられた仕組みです。今のようなデフレ、低成長時代に成り立つ仕組みとは思えません。

今や公務員や一流企業の社員であっても、35年先まで安定して給与が上がっていくとはいいがたい時代です。**最長でも10年程度のローンで払える範囲のものしか買わない、**というまっとうな判断に戻るべきときではないでしょうか。

10年なんて短すぎると思いますか？

よく考えてください。家以外ならそんな長期間、返せない大借金はしないですよね。家だって十分な頭金を貯めたうえで、10年のローンで買える範囲の物件を買えばいいはずなのです。新築にこだわったり、30平米の賃貸アパートに住んでいる人が70平米のマンションを買うなど背伸びをするから、そんなローンを組む必要がでてくるのです。

銀行、住宅会社や不動産会社は商売ですから、できるだけ贅沢なものをつくってモデルルームで顧客に夢を見させ、その気にさせます。しかし彼ら販売側の業者もそれらの不動産自体に、価格相当の価値があるとは考えていないでしょう。

新築物件は買った翌日から2割、価格が落ちるとさえいわれています。販売費用や新築プレミアムなどが販売価格に含まれているからですが、反対にいえば、本質的な物件の価値は、販売価格の8割程度にすぎないということです。

不況が長引く現在、住宅ローンが払えずに競売にかけられる物件も増えていますが、多くの場合、物件が競売で売られても住宅ローンは完済できません。住宅ローンの残高が住宅の売却価格より大きいからです。

これも、そもそも最初の価格が高すぎて、そのために住宅ローンが物件価値に比べて過大すぎることがひとつの原因です。家を売却したのにローンを返し続ける必要があるなんて、仕組み自体がおかしいのではないかと疑うべきでしょう。

また35年ものローンは日本の住宅の寿命から考えても長すぎるように思えます。マンションでも一戸建てでも、35年のあいだには最低一度、相当額の費用がかかる大規模リフォームが必要です。マンションの場合、30年をすぎると買い手を探すことも難しくなるでしょう。土地つき一戸建てでさえ、都会の猫の額のような土地の場合、建築基準法の改正や新条例ひとつで「売れない土地」になってしまう可能性もあるのです。

想像してみてください。35年ローンとは子供が5歳のときに借りて、その子が40歳になる年に完済するローンです。そのあいだに、世の中はすっかり変わってしまうでしょう。

本当にそんなに長い期間、ひとつの物件に住むことを想定するべきなのでしょうか。

ところで、既にローンを借りている人でも、自分のローンの「利子総額」を知らない人がいます。よく「僕は住宅ローンが3000万円あって……」という人がいますが、それは借金の元本額です。それ以外に利子総額を払っているはずです。

ちなみに3000万円を2%の利率、35年の元利均等払いで借りると、利子総額は1200万円弱です。ボーナス払いや、変動ローンで利率が上がればさらに増えます。

この1200万円は、不動産の対価ではありません。不動産の値段は「元本合計＋頭金」です。利子総額とは「お金を貸してもらうことの対価として、銀行に払う額」であり、銀行の収入になる部分です。

すなわち3000万円のローンで家を買う、とは、3000万円の不動産を買い、同時に1200万円の費用が必要な資金調達をする、という意味なのです。

この「利子総額」を意識することが、ローンを組むときにとても重要です。たとえば「35年ローンを組んでいるけれど、もっと早く返すつもりだ」という人がいます。でも「35年ローンを組んで早期返済して20年で返す」のと、最初から20年ローンを組むのでは、利子の総額は大きく違います。利子総額を知れば、多くの人が最初から20年ローンを組もうと考えるでしょう。

個人的には、10年以上のローンが必要になる価格のものは、それが家であれ車であれ教育投資であれ、自分には分不相応なものだと考えています。そのあたりが、常識的でまっとうな経済感覚だと思うのです。

分相応に暮らしましょう。

¥ 大半の保険は不要

生命保険の広告を見ていると、疑問に思うことがよくあります。

保険内容ではなく保険料の安さだけを強調した広告は本末転倒だと感じますし、「60歳からでも、持病があっても入れます！」と「入れる」ことを売り文句にする広告にも違和感があります。なぜなら「持病があっても入れる保険」とは、「その持病の悪化による入院や手術の費用に対して保険金が払われる保険」という意味ではないからです。

「入院1日5000円保障」などについても、「ただし○○の場合は除く」という細かい条件がついている場合もあります。しかもそれらの条件は、小さな字で「保険約款《やっかん》」に書いてあり、それらを契約前に事細かに説明してもらったという記憶のある人はどれほどいるでしょう？　大手の生命保険会社が自社サイトで約款を開示しはじめたのもここ数年の動きです。

保険金の支払い条件さえ知らせずに、保険料が安いとか、誰でも入れると連呼する広告はおかしくないでしょうか？

ちなみに、ちきりんにいわせれば、そもそも大半の保険は「不要」です。火災保険や自動車保険以外の個人保険の場合、以下のように考えています。

(1) 単身者、ディンクス夫婦、引退後で勤労収入のない人、子供に保険は不要です

子供のいる働き手でも、公務員や大企業のサラリーマンなら、会社が掛けている団体保険でかなりの保障があるし、病欠中の所得保障制度がある場合も多いものです。加えて遺族年金など公的な保険もあります。個人で民間の生命保険に入る必要性は高くありません。

なので、民間の保険に入る必要があるのは、

・扶養家族がいる自営業、中小企業勤務などの人

・育児・介護の主担当の人
この2パターンの人たちだけです。

(2) 必要な保険は「定期保険」だけ

定期保険とは、掛け捨ての保険料を払って、死亡保障を、一定期間(5年とか10年など)つける保険です。これだけで十分です。

必要保障額は、「毎年の必要額×扶養期間」で計算すればよいのですが、遺族年金など公的な支援もありますし、住宅ローンは通常(専用の保険がついているため)支払う必要がなくなります。なので、「毎年の必要額」は家賃やローンを除く、今の生活費よりまだ少ない額で計算できます。

また、5年ごとに保険額を減額して保険料を安くするべきです。5年経てば子供は5年分大きくなっており、その分の保障が不要になるからです。

ちなみに、定期保険以外では入院保険やがん保険が人気のようですが、これらも必ずしも必要性の高い保険だとは思いません。

夫の入院保険は妻が入院しても払われないし、妻の入院保険は夫が入院してもでません。しかし貯金で備えておけば、ひとり分の入院費分だけ貯めておけば十分です。ふたりとも同時に入院する可能性は高くないのですから。

ガン保険、婦人病保険など、支払われる病気を限定する保険もよいとは思えません。支払われるケースを限定すればするほど保険金は支払われにくくなります。ガンは「有名」ですが、他の病気で治療費が高額になる疾病はいくらでもあります。

また、うつ病など、入院より通院で治療している人が多い病気で働けなくなった場合、入院保険は全く役に立ちませんが、保険料分を貯金しておけば、治療中の生活費に充当できます。

（3）頼るべき順番は、公的保険、最低限の貯金、最後がネット保険

民間の保険加入は、優先順位が3番目です。最も重要なのは、健康保険や国民年金にき

ちんと加入すること。何かと評判の悪い制度ですが、民間の保険に比べれば公的社会保障は圧倒的に有利な制度です。

次に生活費にあてる貯金です。死亡保険は被保険者が死亡するまで払われません。入院保険も支払い請求や手続きの関係で、実際にキャッシュが必要なタイミングまでに支払われることは稀です。当面の生活費や治療費がないと、たとえ保険に入っていても、家族が病気をしているあいだに資金繰りに奔走する必要がでてきてしまいます。目安として、半年分の生活費があればいいでしょう。

3番目が民間の保険ですが、加入者が払う保険料には、保険会社の経費（人件費、販促費、その他の経費）が相当程度、上乗せされています。立派な本社や海外支社、高給取りの社員や販売員が大勢いる大手保険会社の保険に入ることは、「ブランドものの保険」を買うようなもの。よほどのお金持ち以外は、ネットや通販の保険で十分です。

不安にかられて必要以上の保険に入り、毎日のお金に汲々とするのは全くもって本末転倒です。万が一のときのために、万が九九九九の期間を犠牲にするのはやめましょう！

維持費が蝕む自由

自分の生活費の「固定費」がいくらか、計算したことがあるでしょうか?

固定費とは、ひと口も食べなくても、一度も遊びに行かなくても、毎月支払わなくてはならない費用のことです。項目を挙げるので計算してみてください。

●**家関係**
・家賃もしくは住宅ローン
・固定資産税、管理費
・光熱費

●**通信・放送費**
・新聞やメルマガの購読料
・固定と携帯の電話代、ネット通信費

・テレビ視聴料

●社会保障・保険費

・年金、健康保険、雇用保険

・生命保険、火災保険など

●車がある場合

・ローン、保険料、税金、車検代、駐車場代（ガソリン代や高速料金は含まない）

●子供がいる場合

・授業料、給食費、塾や習いごと代、保育園費用

●その他、支払いが確定している費用

・ジム会費、その他の年会費、資格の維持費など

以上が固定費です。生活費としてはこれらに、食費、雑費、交際費、衣服代、本代、旅

行代、医療費、交通費、ガソリン代などの変動費が加わります。

さて、固定費の総額はいくらになったでしょう。あまりに高額で驚かれた方も多いのではないでしょうか。特に子供や車があると固定費はかなり高額になります。

ちきりんが会社をやめるといったとき、子供3人を養う知人から「羨ましすぎる」といわれました。そのときは、「宝の維持費が高いのは当たり前」と答えましたが、それがどんなに貴重なモノであれ、維持費を考えると目眩《めまい》がしそうになる人も少なくないでしょう。

企業も同じです。毎年毎年採用してきた優秀な(優秀だった)社員たち、はじめてしまった多くの事業、建ててしまった立派な本社や最新鋭の工場、進出してしまった海外の拠点。それらを維持する費用だけでも相当の売上が必要です。

さらに日本という国も同じです。手厚い福祉に整った医療体制、当然のように大半の人が進学する高等教育機関、多数の議員に公務員、国中を網羅する道路、空港、日本中に存在する美術館や音楽ホール。それらの維持費は膨大な額となっています。

家計が苦しくなり節約が必要になったとき、多くの人は食費や旅費など変動費の切り詰めをはじめます。けれど重要なのは変動費ではなく、固定費の水準を下げることです。

固定費を下げるためには、企業でいえば経費削減ではなく「事業の再構築」が必要で、国レベルでいえば支出削減ではなく「構造改革」が必要です。

自分の持っているものに、
自分が苦労してやっと手に入れたものに、
縛られて生きる私たち。

固定費を下げましょう！

¥ 稼ぐべきとき、払うべきとき

厳しい就職難に直面している学生さんが、「就職予備校」に通い面接指導などを受けているというニュースを目にしました。大学の就職相談室より実践的、懇切丁寧だと人気らしいのですが、なんと料金が15万円もするところもあるそうです。学生たちはこの予備校で、どの程度、学び、成長できるのでしょう?

実はこのビジネスに関して、最も成長しているのはお金を払っている学生側ではありません。こういうビジネスにニーズがあると睨《にら》んで、就職氷河期再到来の機を逃さず事業を開始した就職予備校側の人たちこそ、学びに来ている学生の何十倍ものことを日々新たに学んでいるし、ビジネスパーソンとして成長しているはずです。

学生に15万円も払わせようと思ったら、相当の価値があると説得する必要があるし、学生間ではなんでもすぐに口コミで拡がってしまうので、実際に高い価値を提供しないと商売は成り立たないでしょう。就職予備校の運営者たちは、そのためには何をどうすればいいか、日々試行錯誤していると思います。それが「稼ぐ側」を育てるのです。

「お金を払うより、お金を稼ぐほうが学べるし成長できる」というのは一般的な法則です。大学も同じで、学費を払って1年間学生として勉強するより、一定の講師料をもらい1年間授業を任されたら、そのほうが圧倒的に多くのことを学べるでしょう。

最初の例に戻れば、学生は15万円を払って就職予備校に通うより、近くのコンビニか弁当屋でアルバイトをし、「他のバイトより15万円多く売り上げる！」という目標を立て、工夫と努力でそれを実現すれば、おそらく就職予備校に通うよりよほど多くのものを学べます。しかも就職活動の面接でも、そのほうが評価されやすいはずです。

学びたければ金を稼げ、金を払っている場合じゃないってことなのです。

ところでちきりんは学生時代から大の旅行好きでした。でも、よく就職人気ランキング1位になっているＪＴＢをはじめ、旅行業界に就職したいと思ったことはありません。好きなことを職業にしてしまったら、つらそうだと思ったからです。

旅行を仕事にすれば、一番大事なことは自分がどんな旅行がしたいかではなく、お客様がどんな旅行がしたいか、ということになります。自分の一番好きなことなのに、自分のこだわりが通せなくなるのです。

だから、大好きな旅行はお金を払ってやるべきだと考えました。お金を払えば、自分の好きなように設計すればよいし、他人に合わせる必要はありません。自分の行きたいところに行き、食べたいものを食べればよいだけ。なんと幸せなことでしょう！

つまり、**「好きなことは金を払ってやれ、もらってやるな」**ということです。

今はお金を稼ぐべきときなのか、それとも、払うべきときなのか。それを間違えないようにしたいものです。

¥ 儲け方、そして、儲けられ方

世の中には様々なビジネスがあり、いろんな儲け方があります。その中でも特に効果的な「3種の儲け方」についてまとめておきます。

(1) できるだけ返させない

住宅ローンを貸している銀行、消費者金融会社、カード会社など金融業界の儲け方の基本は、「できるだけ客に借金を返済させないこと」です。

住宅ローン3000万円を2%の金利で借りてもらう場合、35年ローンなら利子の総額は1174万円です。ところが同じ額を借りてもらっても、たった5年短い30年ローンになるだけで、利子は992万円となり、182万円も少なくなります。

20年ローンだと、利子は642万円。利子＝銀行の収入は35年ローンの場合の半分近くまで減ってしまいます。だから銀行としては、なんとか長期間借りてもらえるよう営業努力をするのです。

この原則は消費者金融やカード会社でも同じです。12ヶ月より24ヶ月、それよりは36ヶ月と、できるだけ長く分割払い期間を設定してもらえれば利子総額が大きくできます。

(2) できるだけ使わせない

買った商品をできるだけ使わせない、という儲け方で一番有名なのは切手です。各種の記念切手を発行し、コレクターアイテムとすることによって使わせないようにします。買った人が使わない場合、切手代はほぼすべてが利益となります。

できるだけ使わせないようにするため、「シートのまま保存したほうが価値が上がる」と思わせたり、年賀状の当たり商品として発行し、「毎年集めたい気持ち」を利用します。最近では「孫の写真を切手にできる」というサービスもあるようで、確かにそれなら使わ

金利2%、ボーナス払いなし、元利均等で借りた場合

ローンの年数	元本総額（万円）	利子総額（万円）
35年	3000	1174
30年	3000	992
25年	3000	815
20年	3000	642
15年	3000	475
10年	3000	312

ずに飾っておいてくれる可能性がぐっと高まります。そういえば、昔はテレホンカードも同じ方法で儲けようと頑張っていましたね。

もうひとつの「使わせない」売り方は、できる限りまとめ売りをすることです。英会話学校やエステのチケットなどは、大幅ディスカウントをすれば50回分など大量に買ってくれる客がいます。

客も最初だけはやる気があるので、飽きっぽい客ほど「最初にお金を払えば続くのではないか」などと考えてくれます。しかし実際には途中でやめてしまう人も多く、英会話学校やエステハウスは残り分のスタッフや教室の確保をしなくても済んでいます。

（3）使っていないときにも払わせる

3つめの儲け方は、通信サービスなどの分野で有効な「基本料金」で払わせる方法です。基本料金であれば、「使っていない人に払わせる」ことができます。

お金の支払い方には、使った分だけ払う「従量課金制」と、使っても使わなくても払う「定額料金制」があります。自分がヘビーユーザーの人は、定額制はユーザー側に有利と思うでしょうが、サービスが広く普及してくれば、契約したままで使っていない人も増えてきます。なので、全体としては基本料金として毎月定額を払わせる方式のほうが儲かります。

この方式が有利である理由はいくつかあります。

サービスを使わなくなった場合、多くの人は解約するまでに数ヶ月の逡巡期間がありま す。たとえばジムの月会費、運動やダイエットが3日坊主で終わっても、「今月は忙しかったからな。来月から再開しよう」などといってずるずると2ヶ月くらいは払ってくれます。業者から見れば「丸儲けの数ヶ月」です。

また、多くの人は1ヶ月くらいサービスを使わないことがあっても、面倒なのでイチイチ解約しません。たとえば1ヶ月語学留学をする、1ヶ月仕事で出張する、病気で数週間入院した、などの場合に、テレビ視聴料、ネット接続料、携帯電話のオプション費用などを停止する人はほとんどいないでしょう。

携帯電話でも、音声サービスしか使っていないのに、月額300円のネット基本料を払い続けている人はたくさんいます。これらネット系のサービスでは、月あたりの料金が数百円と小さいこともポイントです。「たかだか300円だし」と、契約解除の面倒さに負けてしまう人に期待しているのです。

これらの3つのうまい儲け方は、消費者側から見れば「うまい儲けられ方をされている点」ともいえます。身の回りに、不必要に長い分割払いのもの、使わないのに買い込んでいるもの、解約し忘れて払い続けている料金はありませんか？　今一度点検してみてもいいかもしれません。

¥ 情報商材はなぜ売れるのか？

「情報商材」というネット上の資料販売をご存じでしょうか。体験談を中心とした長い長い長い売り文句が続くページを何ページも読まされた後、ダウンロードの形で資料を購入するものです。買ってみたら特に目新しい情報はなかった、という経験をした人も多いでしょう。

ネット上で大流行の、この方式で売られている商材を、典型的な売り文句と共に分類してみました。

(1) 儲かる系

(例) ＦＸの極意、株の極意、ギャンブルの極意など

・「確実に儲かる！」「絶対に儲かる！」

・「既に何人もの方がこの方法で億万長者になっています！」

・「あなただけに明かされる裏技満載！」

(2) ビジネスノウハウ系

(例) ネットショップや出会い系サイト開業ノウハウ、アフィリエイトノウハウなど

・「あなたはホームページをつくるだけ！」

・「アフィリエイトだけで収入30万円！」

・「土日の数時間で本業を超える収入が得られた！」

(3) 不治の病が治る系

(例) 糖尿病、耳鳴り、リウマチ、腰痛、高血圧が治るなど

・「あなたは糖尿病の本当の原因を知っていますか？」

・「半信半疑でやってみたら本当に耳鳴りが止まった！」

・「医者にも治らないと宣言されていたのに！」

(4) ダイエット系

(例) ナイスバディに、ムキムキに、ボインに、健康に、など

・「憧れのCカップがあなたのものに！」
・「もう身長は伸びないと諦めていませんか？」
・「健康診断の数値が1ヶ月ですべて良好に！」

(5) いきなりモテはじめる系

(例) 恋愛成就の法則、彼に確実にプロポーズさせる！(婚活系) など

・「生まれてからこの方、一度も女性にモテたことのない僕にこんな美女が！」
・「女心をつかむ最も重要なルール30個を網羅！」
・「この通りにやってみたら、翌週には彼がプロポーズしてくれました！」

(6) 性的なコンプレックス系

(例) 下品だから略します……

・「円満夫婦に戻れた！」
・「自信を取り戻して人生が明るくなった！」
・「彼はもうアナタの虜《とりこ》！」

（7）能力がなくても成果がでる系

（例）営業成績が上がる、試験に合格する、転職に成功するなど

・「もっと前からこの方法を知っていたら……」

・「たった数ヶ月の勉強であの難関試験に合格！」

・「転職前に読んでおいて本当によかった」

（8）難しい技術があっという間に身につく系

（例）速読法、ゴルフのスコアがシングルに！　○○トレーニングなど

・「できる奴はみんな知っている、この速読法！」

・「3ヶ月でシングルになる最短ノウハウすべてがここに！」

・「1日15分の練習で、○○が弾けた！」

そしてこの8のカテゴリーをさらに大括りにしてみると……

A.カネ

（1）儲かる系

（2）ビジネスノウハウ系

B.健康

（3）不治の病が治る系

（4）ダイエット系

C.色（女・男）

（5）いきなりモテはじめる系

（6）性的なコンプレックス系

D.出世・成功

（7）能力がなくても成果がでる系

（8）難しい技術があっという間に身につく系

なんと、**カネ**、**健康**、**色**、**出世や成功**という、すべての「欲カテゴリー」を網羅しています。また、売り文句を見てみれば、情報商材の基本は、不可能なことを可能だといい切ることだともわかります。

「人間の欲の全分野において、できないことをできるという資料」……なるほど売れるわけです。

¥ 宗教の定義

ちきりんの「宗教の定義」は下記です。

(1) 教祖や神など、絶対的立場のシンボルが存在する
(2) 現実の世の中を否定している
(3) 現在の科学レベルでは不可能なことを信じている
(4) 集客と集金のシステムがある

宗教に「絶対的立場のシンボル」は不可欠です。これがないと、あることないことを人に信じさせることはできません。

現世の否定も重要です。宗教は「この世に不満を持つ人」向けのサービスです。したがって、「こんな世の中には意味がありません」「今の世の中はおかしいのです」と現世を否定することが、そのまま信者の存在を肯定することにつながります。

世間に否定されて落ち込む自分を肯定してくれるからこそ、人は宗教を信じるのです。

科学を超越する力を吹聴することも重要です。これが信者に「救い」を与えます。現実の医療では治らない病気も、「信心があれば治せる！」といい切ります。キリストだって難病の人の体に手をかざし、治している姿が宗教画によく描かれています。

宗教以外の世界はいまやとても科学的です。科学的に無理だといわれると、人は救いを持てません。この世には科学では救われない人がたくさんいるのです。彼らにとっては「大丈夫！」といってくれるものが（たとえ非科学的であっても）唯一信じるべき真実です。

最後に、布教や組織維持にはコストがかかりますから、集金システムがないと団体は存続できません。また、継続的な集金のためにも、常に集客が必要です。そして実際、宗教の集金力は図抜けています。それは京都の宗教総本山のお寺の巨大さや、欧米の有名教会の威容を見るとよくわかります。宗教とは権力そのものです。

世の中には、社会が解決できないでいる問題がたくさん存在します。

どの国も様々な制度で国民の幸福度を上げようとしていますが、すべての問題を解決できるわけではありません。どの国、どの時代でも、社会が解決できない問題の多くは、宗教がカバーする領域となります。

先進国においてみんながもはや昔ほど信心深くないのは、全体として生活が豊かになったからでしょう。しかし社会が停滞し、解決できない問題がまた増えてくれば、宗教も再びその勢力をのばしはじめます。

あなたを救ってくれるように見えるものの名称が「セミナー」や「○○道場」や「○○の集い」であっても、最初に書いた4つの条件が揃っていれば、それは宗教だということを覚えておいてください。

¥ 大事なものはコストで決めない

居住用不動産について「購入か、賃貸か」という比較をよく見ますが、その大半が「お金の比較」であることに、いつもちきりんは違和感を覚えます。

「自分の住む家って、大事じゃないの？」と思うからです。人間は、大事なものはコスト比較で選んだりしません。「コスト比較で決めるものは、大事じゃないものだけ」です。

たとえば、結婚相手を選ぶときに「こいつと結婚したら、一生で費用がいくらかかるか」とか「この人なら5億は稼いでくれるわ」とは考えませんよね。

誰かと友達になるときも同じです。職業を選ぶときだって「医者になれば一生で○○億円儲かるから僕は医学部に行く」と真剣にいう高校生はいません。

つきあう相手とか友達、職業など、人生において一定以上重要なことについて、人は「経済的理由を考慮はするけれど、決め手にはしない」のが常識です。

だから、自分が住む家についても、それが自分にとって大事なことであるなら、経済的な要因以外に重要な基準があってしかるべきです。

ところが、不動産の購入か賃貸かの議論に関しては、その大半が「買ったほうが得かどうか」であって、「非経済面の比較」を見かけるのはとても稀です。なのでここではそれについてまとめておきます。

不動産保有のメリット

（1）リフォームの自由さ

賃貸にはリフォームの自由度がありません。中古マンションなら丸ごとリフォームできるし、新築一戸建てならゼロから好きなように設計できます。

（2）経済的自由さ（ローン終了後）

ローンが終われば、「失業してもホームレスにはならない」という安心感が得られます。また「お金のために嫌な仕事を我慢せず、給与は安くても好きな仕事に転職する」ことも容易になります。この目的で、10年以内にローンが終わる中古の小物件を手に入れるのもひとつの手でしょう。

（3）住環境への投資

庭に木や花を育てたり、大きなお気に入りの家具を買う、家の雰囲気に合わせて絵を買うなど、住環境に投資しようと思えるようになります。それらは日々の生活の質を上げてくれるでしょう。

（4）帰属コミュニティの確保

ずっと住む地域と思えば、ママさん仲間などコミュニティへの参加や近所づきあいにも積極的になるでしょう。「故郷」や「自分の街」と思える場所を手に入れるのは楽しいことです。

不動産保有のデメリット

（1）移動の困難さ

ストーカーにつきまとわれたり、迷惑な隣人がでてきたり、そのエリアが全体として荒廃してきた場合、引っ越すのが大変です。特に、隣人が意図的に騒音を発し続ける迷惑おばさんだったり、大量のゴミやがらくたを集める変人だったら、借り手さえ見つからなくなります。ローンが残っている不動産で、貸せない、だったら住むしかない、という状況はかなり厳しいです。

（2）形あるものを保有することによる一般的なリスク

形あるものは必ず壊れます。大地震は、買った翌日に起こるかもしれません。地震保険でもすべてが補償されることは稀です。

（3）買い間違うリスク

「人生で初めてコレを買った」という場合、その購入の選択はたいてい ほろ苦いものです。人生で初めて自分で選んだ服、靴、車、パートナー、仕事などは、だいたい間違っていませんか？

最初の購入では、自分がホントは何がほしいのか、何に気をつけて選べばよいのか、なかなかわからないものです。不動産だって本来は「3軒買って初めてわかる」ほど難しい買い物です。

（4）噂リスク

一度何かあれば、近隣の人はいつまでも「あの家は昔……」「あそこの娘さんは昔……」といい伝えてくれます。

ちきりん自身もマンションを買うとき、賃貸との経済的比較ではなく、こういった非経済的な要因を中心に検討しました。そして「自由度」を手に入れるために購入に踏み切りました。好きに改装して住める自由度、（ローンさえ終われば）いつでも仕事がやめられるという自由度、そして、好きな家具などを心おきなく揃えられる自由度。それらはちきりんにとってコストに換算できない重要なことだったのです。

人は大事なことについて、コストで決めたりしないのです。

¥ 貯蓄が増えない理由と、体重が減らない理由

「貯蓄を増やす方法」と「体重を減らす方法」には共通点があります。

まず、貯蓄を増やす方法は以下の3つです。

(1) 収入を増やす
(2) 支出を減らす
(3) 資産を運用する

手取り30万円のサラリーマンで考えてみましょう。効果が圧倒的に出やすいのは収入を増やすことです。土日にコンビニでバイトをすれば、1日5000円としても月に4万円が手に入ります。

一方、月給30万円の人が毎月4万円分の支出を減らすには、相当ケチケチする必要があ

るでしょう。また、運用で月に４万円を稼ぐのも大変です。月収の10ヶ月分にあたる３００万円の貯金があったとしても、月４万円（年に48万円）の利益を上げるには、年利10％以上で運用する必要があります。

つまり、本気で貯蓄を増やしたいのなら（会社の副業規定を確認のうえ）、土日にバイトをすべきなのです。ところが貯蓄を増やしたい人の多くが「節約しよう」とか「運用して儲けよう」と考えます。

なぜかといえば、結局のところ、その人はそんなに切羽詰まってはいないからです。どうしてもお金が必要なわけではなく、「貯めないとまずいな」くらいだからです。

「来月までになんとしても30万円必要！」という切実な理由があれば、人は夜か休日に働きます。実はみんなわかっているんです。「節約や運用でお金を貯めるのは難しい。確実に貯蓄を増やしたければ収入を増やすことが必要だ」と。

ダイエットも全く同じです。やせるには3つの選択肢しかありません

（1）食べない（摂取カロリーを減らす）

（2）動く（消費カロリーを増やす）

（3）筋肉をつける（基礎代謝の高い体になる）

おもしろいことに貯蓄の場合と全く同じ現象が起こります。「やせたい」という人の多くが「水泳をはじめる」とか「ダンベルで筋肉をつける」といいだします。

でも、やせるために最も効果があるのは（1）の食事制限です。高カロリーなもの、すなわち、おいしいものを食べない。これだけでやせます。

ラーメンを1杯食べたら、2時間ジョギングしないとそのカロリーを消費できません。運動で体重を減らすのはものすごく大変です。

また、筋肉をつければ太りにくい体質になり、体のラインはきれいになります。しかし少々筋肉を増やしても、筋肉が消費するエネルギーだけでどんどんやせていくなんて夢物語にすぎません。

「やせていることが人生の価値を決める」と本気で信じる一部の若い女性や、「このままだと死にますよ」と医者にいわれた成人病のおじさんは、まず食事制限をします。なぜならそれが一番効果があるとわかっているからです。

でも、大半の人は、おいしいものを我慢してまでやせたいわけではありません。土日に働いてまで貯金を増やしたいわけではないのと同じです。

今流行の「エコ」にも同じような側面があります。茶葉と湯でお茶を入れれば、ペットボトルをリサイクルする必要はなくなります。エコカーなんて買わずに、自家用車に乗るのをやめるほうが環境にはよいでしょう。

だけど、みんな「そこまでして環境をよくしたいわけではない」んです。なんとなく「環境にやさしいといいな」程度です。だから「効果は小さいけど楽な方法」を無意識に選ぶのです。

しかも、人間はずるいものです。自分が「効果は少ないが楽なほうを選んでいる」とは認めません。あくまで必死でやっていると「自分で自分に主張」します。

巷《ちまた》に溢れる、節約をして貯蓄を増やそうと考える家庭、運動をして体重を減らそうとする諸兄《しょけい》、ゴミを分類して環境をよくしようと思う人たちは、みんなそれが正しい方法であるると信じるためにあえて「思考停止」という選択肢を選んでいます。

本当に貯蓄を増やしたいなら、本当に体重を減らしたいなら、本当に環境のことを考えているのなら……やるべきことは別にある、と自分で気がついてしまわないように思考停止するのです。「頑張っている自分」を手に入れるために……。

¥ 「所有」という時代遅れ

資本主義経済の根底に「私有財産制」があるように、これまで**「豊かになる」とは「より多くを所有すること」**でした。

食料からはじまって、衣服、家電、車、家、不動産、(一夫多妻制においては)妻、お金、会社(生産手段)と、なんでもより多くを所有している人が「豊か」であると認識されてきたのです。

でも世の中は今、より所有しない時代へ向かっています。豊かさとモノの所有量は乖離《かいり》しはじめ、「豊かな人ほど持たない」といえる状況も起こりつつあります。

たとえば、

・持ち家より、賃貸物件に住む

・マイカーよりレンタカー、カーシェアリング、タクシーを利用する
・書籍、音楽CDや映像DVDを持たず、借りるか、端末へダウンロードする
・冠婚葬祭用の衣服（ウエディングドレス、式服、パーティドレス）やブランドのバッグ、海外旅行用のスーツケースなど、使う頻度の低いものはすべてレンタルする
・パソコンにアプリケーションやデータを持たず、インターネット上にデータを保存するクラウドサービスを利用する

今はまだ小さな市場ですが、家具や家電のレンタルサービスもはじまるなど、今後も持たずとも借りられるものはどんどん増えてくるでしょう。

そもそも「所有することの合理性」は、「所有によっていつでも使用できること」にありました。だからレンタル市場が充実し、デジタル化された情報がネット上で使用可能になれば、所有の必要性が小さくなるのは当然です。

これはお金でさえ同じように考えられます。この国には田畑を売って多額のお金を「所

有」していながら、全く「使用しない」高齢者もたくさんいます。私たちは、そういう状態をうらやましいと思っているでしょうか。お金でさえ、私たちが惹かれるのは、「所有」ではなく、使用できる状態」ですよね。

しかも所有するとコストやリスクも伴います。都会では家賃など保管スペース費用が高額だし、所有しているとメンテも必要です。最近は家具も家電も捨てるのにお金がかかるし、子供の成長を撮りためたテープは、メディアの世代交代が起こると観賞さえできなくなります。

所有というのは、かくも不便で、原始的で、無駄の多い「使用価値確保の一手段」であり、消費者、生活者としては「いつでもどこでも使える」ことが確保できれば、多くの場合その手段が所有でなくてもよいでしょう。

これから、

(1) できる限りのものをデジタル化し

(2) できる限りのものをクラウド化し

(3) できる限りのものについて、レンタル市場化する

という現象がより進展、普及すれば、「昔は『借りるシステム』が整ってなかったから、使用するには所有するしかなくて不便な時代だったね」と振り返る日がやってくるかもしれません。

もちろん、「趣味としての所有」や「独占欲」は残るでしょう。いわゆる「コレクター」です。しかし、「使用価値の確保手段としての所有」を選択する意義はどんどん低下していくと思われます。

もうひとつ、ちきりんが「所有から開放されたい」と考える理由は、過度な所有はとても醜いと思うからです。

テレビで「プロの片づけ屋」という職業が紹介されていました。亡くなられた高齢の親御さんが住んでいた家の片づけを息子が依頼したり、比較的若い人でもモノとゴミで収拾がつかなくなった部屋の片づけを頼む人がいるそうです。

その人たちの家をテレビで見たときは衝撃を受けました。つい最近まで人が住んでいたにもかかわらず（もしくは今住んでいる家なのに）、部屋はまるで「ゴミ溜め」のようでした。モノは毎日少しずつ増え、少しずつ少しずつ散乱してくるので、住人本人にはその部屋が他人からどう見えるか、わからないのです。

では部屋を片づければいいのかというと、そうでもありません。そもそも「モノが増えてもなんとか納めてしまう」のがダメなのです。モノが増え、収納を工夫して片づけ、さらにモノが増え……このプロセスを繰り返していたら破滅への路をまっしぐらです。どんどん収納して片づけても、スペースにも人間の片づける能力にもいつか限界が訪れます。片づけられなくなる日がやってくるのです。

そんな部屋に住みたくなければ、解決策はひとつしかありません。所有するモノを減らすこと、「所有からの開放」が必要なのです。

「貧乏な家ほどモノが多い」

そんな時代がやってくるかもしれません。

¥ 防災グッズは必要？

9月1日は「防災の日」で、毎年この時期になると大量の「防災グッズ」の広告が現れます。災害の多い日本では各家庭の備えも大切ですが、巷で売られている防災セットの中には必要性が疑われるようなものも多く、しかも値段も高くてびっくりします。

たとえば「災害用トイレセット」。既存のトイレにかぶせて使う袋と消臭薬や凝固剤をセットにしたものですが、その他にも、組立式の簡易トイレや小型テントつきのものまで売られています。

これってホントに役に立つのでしょうか？

避難所で容量オーバーになってしまったトイレの悲惨さを想像すると、こういう商品が必要と思えるかもしれません。でもこれはどこで使うのでしょう？ 災害時にトイレセットを家から避難所まで運び、自分の家族だけで使うなんて無理ですよね。一方、家で使う気なら、普通のゴミ袋を多めに買っておき、家のトイレにセットして使えばいいだけで、高価な専用グッズが必要とも思えません。

備蓄用の水や食料も定番商品ですが、わざわざ専用のものを買わなくても、たいていの家には冷蔵庫に2日分くらいの飲み物は入っています。缶詰やお菓子が家にある場合も多いし、日本ならかなりの田舎でも最長2日ほどで救援物資が届きます。

過去の地震などを見ても、水や電気が広範囲で止まるのはせいぜい3日です。それ以上、水も電気も止まる事態になれば、被災地にとどまって備蓄した水を飲んでいるより、他地域に移動して復旧を待つほうがいいでしょう。

サバイバルナイフや料理用カセットコンロもよくセットに入っています。でも、馴れないナイフを災害時だけ使うのは怪我の元だし、災害時に（だけ？）わざわざ自炊する必要もありません。

防災ずきんに至っては「戦争を知っている世代のノスタルジーに訴えた商品」です。そんなものをかぶって、どこに逃げるつもりなのでしょう?

ＮＡＳＡ開発で超薄手、保温力がすごいという「アルミ毛布」も、それを持ちだす余裕があるなら、家にあるセーターやコートを着込んだほうが動くにも楽です。

こう考えると、防災グッズの多くは実務的な有用さというより、「買っておけば安心」という「お守り効果」を売る商品のように思えます。

実際に災害が起こったときに役立つのは、おそらく専用の防災グッズではなく、体力や精神力、判断力、不便な中で工夫する力、コミュニケーション力などでしょう。イザというときに役立つのは「お金では買えないもの」なのです。

4

仕事をたしなみ、未来をつくる

work

若者、アウト！

日本は社会の高齢化で世界の最先端を走っています。将来の日本は、世界のどこにもないユニークな社会になるでしょう。

「株式会社　高齢社」という高齢者専門の人材派遣会社があります。定年退職後の60代、70代の人を、大手企業の営業所、軽作業所、コールセンターなどに派遣しており、創業以来、順調に売上が伸びています。

もうひとつの例はジポン（jippon）という日本製の子供服ブランド。日本人にはもちろん、来日した中国人観光客にも「高品質な日本製の子供服」として人気です。これを縫っているのが、若い頃、高度成長時代初期の日本に多かった縫製《ほうせい》工場で働いていた、現在60歳前後の主婦で、今は自宅で工業用ミシンを操り、内職職人として働いています。

このように今、高齢者が労働市場に再参入しはじめています。都会の学生街以外では、コンビニや飲食店でも高齢者のスタッフが増えたと気がついた方も多いのではないでしょうか。その背景には次のような事情があります。

(1) 安い給与に、労使双方が満足

高齢者側は「年金を減額されたくない」「家事の合間だけで働きたい」と考えているので、月10万〜15万円を望ましい収入と考えています。これは若者ならワープアといわれ、「結婚も子育てもできない」と責められるレベルですが、退職金で住宅ローンの支払いも終わり、ベーシックインカムともいえる年金を受給中の高齢者にとっては十分な額なのです。

(2) 高齢者は単純作業にも不満がない

高齢者を雇っている企業の人は「地味な作業だし、ひとりで働いてもらうことも多いのですが、高齢者は飽きずにまじめに働きます」と評価していました。

若者から見ると「全くキャリアアップにつながらない、将来性のない単純作業」と思える仕事でも、高齢労働者には体力に相応のちょうどいい仕事です。しかも高齢者は「キャ

リアアップの機会」などという面倒なものを求めることもありません。

（3）高齢者は長年の職業訓練により、社会スキルが高い

多くの高齢者は、正社員として40年もの職業訓練を受けています。同じレベルのスキルや経験を若者に研修で得させるのは大変です。なんの指示もしなくても、再就職1日目から顧客となんなくコミュニケーションできる高齢者は、雇用主にとって育成コストさえかからない重宝な労働力なのです。

（4）客側の多くも高齢者

これからは客側にも高齢者が増えてきます。ファーストフード店のカタカナメニューの注文にもたついてしまう高齢の客にとって、悪気はなくても、なぜもたつくのか理解もできない若い店員と、自分も同じ戸惑いを感じたことのある高齢の店員では、どちらが「客をリピーターにさせる接客スキル」を発揮できるか、結果としてどちらの売上が高くなるか、明らかです。

加えて、実は「高齢社」を起業したのも高齢の方です。ちきりんは常々「高齢者市場に

は大きな可能性があるのに、若者はそのニーズが理解できずビジネスチャンスをものにできていない」と感じていました。しかし今、それを体感的に理解できる高齢者が、自ら起業をはじめているのです。

しかもこれからは年金も増えなくなり、働く意欲と必要のある高齢者がどんどん労働市場に入ってくるでしょう。よく「中高年正社員の雇用を守るため、若者が非正規雇用に追いやられている」といわれますが、将来は正社員市場どころか、派遣社員や内職、アルバイト市場からさえ、若者は閉めだされてしまうかもしれません。

まさに、**「若者、アウト!」**とでもいうべき状況です。いったい、若者はどうすればいいのでしょう?

work

災い転じて福となそう

1995年頃から2005年頃までの10年間は就職氷河期といわれました。その後数年だけ状況が改善しましたが、2009年以降再度はじまった就職氷河期は当面回復しないかもしれません。企業の多くはたとえ業績が回復しても、日本国内で正社員の雇用を増やすとは考えにくいからです。

そうなると、今後の新卒就職市場で満足のいく職を得られるのは、偏差値の高い大学の学生のうち、体育会やボランティアなど様々な活動に精をだしていた学生ばかりとなるでしょう。そして毎年、大学生の何割かは「新卒で安定した企業に正社員で雇用される」以外の道を進む必要がでてくるのです。

ちきりんから見るとこれは、明治維新以来百数十年ぶりに若者に訪れた下克上《げこくじょう》のチャンスと思えます。世の中が安定していると武士は武士、農民は農民です。同様に、経済が連続的に成長する時期には、一流大学から一流企業に入った人、二流大学から二流企業に入った人、三流大学から三流企業に入った人の序列は一生変わりません。

しかし「企業に雇ってもらう」という道が極端に狭くなれば、若者の中には否応なく別の道を選ぶ人もでてくるでしょう。たとえば、

（1）「雇ってもらう」ことを諦め、自営業で食べていこうと考える
（2）若者にしかできないこと（高齢者にはできないこと）を学ぼうとする
（3）経済成長を続ける中国やインドなど海外に行って働こうとする

などが考えられます。将来自分の飲食店を開くことを念頭に、起業準備として同業店でバイトをはじめたり、職を得るために、高齢者が苦手で若者に圧倒的な優位性のあるＩＴ技術や外国語を必死で勉強したり、さらには、海外で職が得られないか探しはじめるなど生きる道を模索するのです。

一般的には人は安定した生活を求めます。だから新卒で就職できる企業があれば、わざ

わざ起業をしようとか、海外で職探しをしようとは思わないでしょう。そして、仕事が見つかってしまえばその後は思考停止になり、能動的に仕事を変えたりはしなくなります。

でも最初から仕事が見つからなければ、組織に頼らず生きる道を必死で探らざるをえない人もでてきます。そのハングリー精神が時代の変わり目に思わぬ結果につながることもありえるのです。

そう考えれば、不況で新卒採用の氷河期が再来するのは必ずしも悪いことばかりではありません。「就職先がなかったから仕方なく選んだ道」が将来、「この道を選んでおいて本当によかった」と思える結果につながるかもしれないのですから。

というわけで、就職氷河期が向こう10年くらい続いても、日本の未来は実は明るいかも、とちきりんは思っています。人生は長く、世の中は思っているより大きく変化します。今は仕方なく選んだ札が、大当たりになることもあるでしょう。

「災い転じて福となす」その日まで！

work 「逆バリ」と「先読み」

資本主義の世界では、給与は「需要と供給」で決まります。ということは、給与を上げるためには「供給が少なく需要が多い分野」で働けばよいわけです。

(1) 多くの人にはできないスキルを身につける

供給（＝代替労働者）が少ない分野で職を得るためには、他の人とは異なる分野で経験を積み、他の人が学んでいない技術を学ぶ必要があります。周りの人と同じ道を選ぶのはわざわざ供給過多の海に飛び込むようなバカげた行為であり、同じスキルを持つ応募者が多ければ企業側はいくらでも労働力を買い叩けます。

けれど、世間の人と違う分野に時間やお金を投資するのは勇気のいることです。しかも親はたいてい本人より保守的で、我が子がみんなと同じであることを強く望みます。だからこそ「他者と違うことをする」というリスクを取った人だけが、高い給与を得られるのです。これを**逆バリ**といいます。

（2）世の中が求めていることが、できるようになる

他者が持たないスキルを身につければいいとはいえ、スイカの種が１００メートル飛ばせても高給の仕事は得られません。世の中が求めていないこと＝需要のないこと、ができても意味はないのです。

しかも世の中が求めていることを理解するのは簡単ではありません。なぜなら、現時点で求められているスキルは既に多くの人が習得を目指しており、すぐに供給が増えてしまうからです。必要なのは、「将来、世の中で求められること」を予測して準備することです。これを**先読み**と呼びます。

ちきりんは成功した起業家らが金銭的に報われることを当然だと思います。彼らは逆バリのリスクをとり、先読みして（結果として）当ててきたのです。

モノづくりニッポンを支えるメーカーの技術者の仕事の価値は非常に高いでしょう。けれど、需給で考えれば彼らの給与が低いのは仕方のないことです。彼らは「他の人と違うことをやる」という逆バリのリスクを取っていません。有名大企業の社員になりたい人はたくさんいます。メーカーに限らず日本の大企業の大半は、今より何割か給与を下げても応募者数が減ることはないでしょう。

また、これから世の中がどう変わるのか、将来自分には何が求められるのか、という判断も、会社員の多くは自分で先読みせず会社組織の判断に任せ、「辞令」通りに動きます。逆バリも先読みもしなければ、給与は払う側の思惑通りにしかなりません。

それでも国が好景気で会社が儲かっていれば、毎年少しずつ給与は上がるでしょう。しかし会社の業績が悪くなってきたとき、逆バリも先読みもしてこなかった人は、会社が提示する給与をそのまま受け入れるしか方法がありません。

将来にわたって給与を上げていくためには、人と違うことをやり（＝逆バリで供給の少ない分野を狙い）、ここぞと思う分野を自分で選択する（＝先読みで需要が大きい分野を予測する）ことが必要なのです。これからの時代、「みんなと同じだから大丈夫、安心だ」と思うのは、大きな錯覚です。

人と違うことをやりましょう！

work

「ゴールドカラー」の登場

経営学者Robert Earl Kelley氏は『The Gold-Collar Worker』（Addison-Wesley刊、1985年）という本の中で「ゴールドカラー層」という概念を提示しています。

産業革命以降、第一次産業から第二次・第三次産業への移行期にブルーカラー層とホワイトカラー層が分離しました。昔は大半が農民や肉体労働者だったのに、彼らの子らは工場に勤める者と、オフィスで書類仕事をする者に分かれていったのです。

次にゴールドカラー層が出現します。その特徴は「人生における移動距離が圧倒的に長いこと」です。

たとえばブルーカラーは、生まれた町で高校をでて隣町の工場に勤め、近くのバーで配偶者と出会い、子供は地域の学校で育ちます。人生は半径50キロほどのエリアで完結するのです。

一方、ホワイトカラーは、金沢で生まれ育って東京の大学に行き、仕事では大阪に配属になるといった具合で、半径数百キロを移動します。

さらにゴールドカラーは数千キロを移動します。先日、雑誌で見た米国の投資銀行のチーフエコノミストの方は、中国の田舎生まれ、清華大学（中国の理系トップ大学）の工学部で博士号を取得、その後ハーバード大学で経済学の博士号を取得して国際機関で働き、今は米系の投資銀行で働く傍ら、中国政府のアドバイザーも務めているとのことでした。この移動の距離が、彼がゴールドカラーであることを示しています。

日本人でもそういう人が登場しています。日本の地方に生まれて米国で活躍する野球選手、ずっと日本で育ちシリコンバレーで起業する人、アジアに渡りタイやベトナムで働く人。他にも、幼少時から音楽家を志すため欧州で教育を受ける子供たちもいますし、最近はごく普通の人でも、日本ではなく海外で大学進学を目指す人もでてきています。

人生の舞台の半径が1桁違う。これがゴールドカラー層の特徴なのです。

もうひとつ、彼らは「誰にも使われない人」です。ゴールドカラーの人は、形式的には会社に雇われていても、自分で主体的に仕事を選び頻繁に転職します。ときには自分で会社をつくりもします。日々の仕事も自ら判断しながら進め、成果のみで評価されます。自分の上司は自分である、という人。これがゴールドカラーのふたつ目の特徴です。

さて、ここ数十年は過渡期なので、長男はゴールドカラー、次男はホワイトカラー、三男は親の事業を継ぐ、という家庭もあるでしょう。しかし3代も経てば、「父も母も兄も妹もゴールドカラーの家」がでてくる一方、「ゴールドカラーなんて親戚中に誰もいない」という家も現れます。ゆっくりと、でも確実に、今の「ホワイトカラー家庭」は、「ホワイトカラー家庭」と「ゴールドカラー家庭」に分化するのです。

では、自分の子供をゴールドカラーに育てたければ、どう育てればいいのでしょう？

自分の子供に対して、「いい大学をでて、いい会社に入れるように育ててあげたい」と考え、高い塾の授業料を払ってお受験をさせる家庭も多いでしょう。でもそういう方法では子供はホワイトカラーにしか育ちません。

国際的に活躍できるよう英語を学ばせればいいのでしょうか。そうではありません。なぜなら「親にいわれたから英会話学校に通っている」では、「指示されたことをやる人」にすぎないからです。

ゴールドカラーとは自分で道を選ぶ人たちです。小さい頃から「他人と違う言動」をほめてもらえ、突拍子もないことをいいだしても応援してもらえる。そういう環境から彼らは育っていきます。ある意味では「素直なよい子」と対極にある子供たちの中から、そういう人たちが出現するのです。

他者と異なることを肯定的に評価する社会や学校や家庭こそが、将来のゴールドカラーを育《はぐく》む土壌となるのです。

work

勝てる市場を選ぶ

「30代のときにいい仕事をしている人」は比較的たくさんいますが、「40~50代でいい仕事をしている人」というのはずっと少なくなります。

組織は、上に行くほど役職が少なくなるピラミッド構造をしています。つまり、年齢が上がるほど、意味ある仕事を任される人の数は少なくなるのです。けれど日本の組織は終身雇用ですから、それ以外の人を首にするわけにはいきません。「なんらかの仕事をあてがうことにより給与を支払い続ける」ことになります。

そんな「あてがわれた仕事」がおもしろいはずがありません。でも40~50代となれば住宅ローンも子供の教育費も自分の老後準備もあります。仕事がつまらないからといって簡単に転職はできません。このため、つまらない仕事をしながらひたすら定年の日を待つ中高年が出現するわけです。

一方、数は少ないけれど「40〜50代にいい仕事をしている人」もいます。ピラミッドの上まで上り詰めるごく少数の人です。では自分がそうなるには、どうすればいいのでしょう？

最もよい方法は、あまり背伸びをして大企業や一流企業に入らないことです。必死で背伸びをしてようやく手が届いたような企業に入社すれば、内定をもらった時点では天にも昇るほど嬉しいかもしれませんが、自分が最後までその組織ピラミッドに残れる可能性は非常に小さくなります。

一方、業界下位の企業に入社したり、人気のない業界でキャリアをスタートし、最後まで有意義な職業人生を送る人はたくさんいます。

たとえば学生時代に不勉強で留年したり、名もない三流の大学を卒業したために一流企業に入れなかったような人の中に、働きはじめてからは学生時代には想像もできなかったような活躍をする人がいます。そして年を取るごとに充実したキャリアを形成していくのです。

企業の例で見てみましょう。最近、大注目のインド市場において、自動車業界のトップ企業は日本のスズキです。

あんな混沌とした国に早期に進出するのはどんな企業にとっても大きなリスクを伴います。しかしスズキにとってはトヨタやホンダが注力する日米欧ではトップになれないし、発展途上国の中でも中国には世界の一流企業が早くから目をつけています。

だから「トップになれる市場」を確保するため、他の一流企業がとらないリスクをあえてとって早期にインドに進出し、状況が悪くても撤退せずに踏ん張り続けて、トップ企業になったのです。

非常に戦略的ともいえますが、いい方を変えれば「勝てない市場を諦めて、勝てる市場で勝負する」「ライバルが少ない分野を選んで勝負する」作戦ともいえます。

就職活動中の学生の多くは「憧れの一流企業」を目指しているのでしょう。でも人気大企業に「何百人かのひとり」として入社しても、明るい未来がつかめる可能性は高くありません。職業人生は内定をもらったところで終わりではなく、そこからがスタートです。であれば、「できるだけ勝ちやすい職場を選んで就職する」というのは、逃げでもなんでもなく、ひとつのまっとうな戦略です。

「友達から『すげ〜』と驚かれるような人気企業」に入るより、「なぜ、そんなところに行くの？」といわれるような企業に入ったほうが、自分が鶏口《けいこう》（トップ）になれるチャンスは相当高くなります。

であれば、むしろ最初からそちらを狙い、入社後に努力するほうが、就職活動時に人気企業に潜り込むことに努力するより報われやすいのではないでしょうか？

「勝てる場所」を選ぶことは、勝つための最初の、そして最も重要なポイントなのです。

work

「成長したい！」だけではダメ

「成長したい！」という人に「成長して、何がやりたいの？」と聞くと、「えっ？」と怪訝《けげん》な顔をされることがあります。

成長の目的が明確でない人まで成長したがるのは「特に目的はないけど、とりあえずお金を貯めたい」という人と同じです。死ぬ間際に貯金通帳の記載額が最大になれば幸せでしょうか？　死ぬ間際に「すごく成長した自分」が感じられれば満足でしょうか？

家を買いたいとか旅行に行きたいとか、目的があって初めてお金を貯めるプロセスは意味を持ちます。成長も同じです。「成長して○○ができるようになりたい」ということがあって初めて、成長することは意味を持つのです。

ちきりんは常日頃から、「インプットとアウトプット」のバランスを意識しています。

たとえば他の人のブログを読むのはインプットで、自分がブログを書いて発信するのはアウトプットです。勉強はインプット、得た知識を使って仕事をするのがアウトプット。野球の練習はインプットで試合がアウトプットです。

これを意識するようになったのは、一度働いてから大学院に行ったからでしょう。大学を卒業後すぐに大学院に行く場合、「小学校からずっとインプット」です。でも、一度働いて（＝アウトプットの場）から大学院（＝インプットの場）に行くと、「このインプットは何の役に立つのか？」と強く意識します。

そして、アウトプットの目標がないのにインプットに時間やお金をかけるのはバカげていると考えるようになりました。昔は英語も「とりあえず」勉強していましたが、今は、仕事や趣味（ひとり旅）に必要な英語力だけ獲得・維持できればいいと思っています。それ以上のインプットはちきりんにとっては無駄なインプットです。

みんなが中卒や高卒で働いていた時代、インプットの量はごく限られていました。今は大学院まで行く人も増え、インプットの年数は倍近くになっています。個々人のインプットが増えたことで技術革新が進み、日本は高度成長を実現しました。

企業でも以前は「工場＝製品をつくりだすアウトプットの場」しかなかったのに、「研究所」というインプットの場ができました。研究所の存在意義は、よりよいものを工場でアウトプットするためのインプット機関です。

ところが、いつしかインプット作業が自己目的化し、「巨額の研究費を投資しているのに、全く新製品のでない会社」もでてきます。経済が成長する時代なら、そういった「アウトプットにつながらないインプットのコスト」も企業は負担できたでしょう。でも今は「新しい価値」を世の中に提供できない企業は淘汰《とうた》されます。

当たり前ですが、企業にとって大事なのはアウトプットであり、日本がここまで経済成長したのは高い質のアウトプットが多かったからです。アウトプットなしにインプットし続ける人が増えたら、将来はとても暗い。そしてこれは個人にとっても同じです。勉強ばかりしていて何も生みださない人が増えては、経済が成長するはずがありません。

自営業の友人が「成長機会が乏しい」とこぼしていました。確かに、自分が先頭に立ってビジネスを率いているとアウトプットに追いまくられ、なかなかインプットのための時間を確保できません。

しかしそれでも「インプットだけ」より「アウトプットだけ」のほうが圧倒的にましです。インプットだけの人なんて、いてもいなくても世の中は何も変わらないのですから。

就職や転職時に問われるのは「あなたは何がアウトプットできるの？」ということです。履歴書に輝かしい学歴や資格を書き連ねて、「僕はこれだけインプットしました！」とアピールする人がいますが、問われているのは「そのインプットで、どんなアウトプットをだせる（だした）の？」という点です。

大事なことはインプットではなく、「アウトプットにつながるインプット」なのです。

work

インプットを最小化する

ブラジルで日系移民の歴史に関する博物館に行きました。そこで「日本人が移民するまで、ブラジルでは『収穫を増やす=作付面積を増やす』だった。日本人移民はそこに『同じ作付面積から収穫を増やす方法』を持ち込んだ」という旨の説明を見ました。つまり、ブラジル農業に「土地生産性」という概念を導入したのは日本人移民なのです。

10倍の収穫を上げるために10倍の広さの土地を耕せば、移動距離も増えるし、肥料や種や水も10倍必要になります。でも品種改良や害虫駆除法の工夫で、同じ面積で十倍の収穫が得られるようになれば圧倒的に効率が上がるのです。ではなぜブラジル農業には、土地の生産性を上げるという概念がなかったのでしょう?

理由は「ブラジルは広く、日本は国土が狭いから」です。農業における最も重要なインプットのひとつである土地が日本では非常に狭く、大半の小作農は勝手に耕作地を増やすこともできませんでした。だから自然と、一定の土地からいかに収穫を増やすかを考えたのです。それは日本人にとっては当然の思考方法でした。

けれど一方のブラジルでは、土地は無限と思えるほど広がっていました。そうであれば、アウトプットを増やしたければ耕す土地＝インプットを増やせばいい、となります。土地の生産性なんて気にする必要がなかったのです。

ここでわかることは、インプットが無制限にあれば、人間は生産性を上げようとは考えない、思いつかない、ということです。

ところで人間にとって最も限られたインプットは「時間」です。誰でも一日は二十四時間だし、すべての人が必ず死ぬし、その時期のコントロールも困難です。

このように同じ時間しか持っていない人間なのに、人生において達成できること＝アウトプットの量は人によって大きく違います。その理由は、「時間当たりの生産性が違うから」です。

多くの人が「仕事の効率をよくしたい」「もっと短い時間で高い成果をあげたい」と考えているでしょう。この「時間あたりの生産性」を最大化する方法を、ちきりんはブラジルの移民博物館に見たのです。

すなわち、生産性を上げる方法を思いつきたいならインプットを制限すればよいのです。土地が潤沢なブラジルで土地生産性を上げようという話にならなかったように、時間が潤沢にあれば時間あたりの生産性を上げようという切実な意識は生まれません。

たとえば最初から、「できるまでやる！」「徹夜してでも仕上げる！」「とにかく頑張る！」といっていると生産性は上がりません。「必要な時間はいくらでも投入する！」というのは、必要な収穫が得られるまで耕す面積を増やそうというのと同じ思考方法です。

一方で、働く時間が一切増えないようにしてしまえば、人は必ず生産性を高めようと考えます。今日の夕方までに終わらせる必要のある仕事は、昨日ではなく今日はじめるとか、一切残業はしないと決めれば、方法を工夫するしかなくなります。

そうなれば人は、不要な仕事を仕分けてやらないことを決めはじめるし、やることの優先順位も強く意識するようになります。当然、やり方も工夫するでしょう。

いつもそうやっているさ、という人もいるでしょう。しかし「終わるまでやる」と考えているのと、本当に時間が限られているのでは、その必死さが異なります。それがブラジルと日本の農業の差になったのです。つまり、頭で考えているだけではなく、実際にインプットを減らすことが大事なのです。

逆説的ではありますが、働く時間を減らさない限り仕事が早くできるようにはなりません。一般にはまじめな人ほど、仕事が終わらないと働く時間を延長します。けれど働く時間を増やせば、生産性はどんどん下がります。

生産性とは「アウトプット÷インプット」で計算する比率です。分母の「インプット＝働く時間」を増やしたら、生産性（＝仕事の効率）はどんどん落ちます。やるべきことは「より働く」ことではなく、「働く時間を少なくする」ことなのです。

work

「人脈づくり」はたぶん無意味です

一時期ビジネス雑誌でよく特集されていた「人脈やネットワークの重要性」が、ツイッターやSNSの普及もあって再び注目されています。リアル社会でもネットコミュニティでも「いかに仲間を増やすか」が重要視されているようです。

いまだに「異業種交流会に参加しよう!」といった古典的なアドバイスも健在ですし、ツイッターのフォロアー数を増やす方法や、SNSをビジネスに活用する方法など、雑誌でもあれこれ特集され、マニュアル的なノウハウ集まででています。けれどちきりんは、この「人脈だ、コミュニティだ、ネットワークだ」という話にかなり懐疑的です。

講演会でも質疑応答のときは何も聞かないのに、講師が壇上から降りて退場しようとすると名刺交換のために列をなす人をよく見ます。懇親会でも会場を駆け回り名刺を集める人がいます。人脈づくりとは名刺集めのことかと思えるような風景です。

ネット上でフォロアーを増やすためにあれこれ工夫したり、ＳＮＳのコミュニティを盛り上げるために一生懸命努力する人も、ふと省みれば誰とも会話せず、ひたすらパソコンや携帯の画面をのぞきこんでいたりします。

また、「異業種の人と話せば世界が広がる」と多くの講演会や交流会に出かける一方で、サシで誰かと会って話をするとすぐに話題が尽きてしまう人もいます。本当はわざわざ特別な会に行かなくても、日常で会う人と積極的に話していれば、世界はどんどん広がります。人脈をつくるために、日常以外の特別なイベントが必要なわけではありません。

そもそもみんな、仕事や自己実現にそんなに人脈やネットワークを使っているのでしょうか？　ちきりんが思いつく「人脈が重要な仕事」は、保険販売の営業員くらいです。

本当は人脈が多いことより、本人が魅力的であるほうがよほど意味があるはずです。魅力的な人の周りには自然に人が集まるので、人脈なんて簡単につくれるからです。「自分が知っている人が多い」状態ではなく、「自分を知っている人が多い」状態のほうが効率がよいですよね。

人脈やネットワークとは「結果としてついてくるもの」であって、それをつくるためにわざわざ努力するようなものではありません。そんな時間があったら自分が好きなことに集中し、その分野で「すごく魅力的」といわれる人を目指したほうが、将来きっと役に立つでしょう。

work

能力のない人へのアドバイス4つ

アドバイス1）考える力のない人は、情報をため込みましょう

自分は考える能力が弱い、思考力が弱いと思うなら、とにかく情報をため込みましょう。また、手に入れた情報は安易に周囲に開示しないことです。

特に公務員の方などは、国民の税金で調査したデータの詳細を決して国民に開示してはいけません。そんなものを開示したら、自分と国民のあいだの差が、能力差ではなく「持っている情報量の差」だとバレてしまいます。しかもその情報が、自分で集めたわけでさえなく、国民の税金により、天下りが何人もいるシンクタンクに依頼して集めたものだとバレた日には、「何それ？　なぜ国民の税金で集めた情報をあなたたちだけで独占するの？」といわれてしまいます。ですから決して情報開示をしてはいけません。

アドバイス2）仕事のスピードが遅い人は、長時間働いて埋め合わせましょう

自分には効率的に仕事をする能力が欠けていると思うなら、頼るべきは「根性」と、「働く時間の長さ」です。このふたつの武器を持てば、能力のある人にほんの少しだけ近づくことができます。

彼らが寝ているあいだに、彼らが人生を楽しんでいるあいだに、働き続けましょう。そして、尋常でない時間にわたり働き続けるために大事なのが「精神論」です。くじけそうになったときは、「この仕事は社会の役に立っている」「俺がいないとうちの部門はまわらない」などの呪文を口にだしましょう。

アドバイス3）構想力のない人は、ひとくち批判コメントを使いましょう

非の打ちどころがない、すばらしい提案が能力のある人からなされた場合、どんなにそれが気に入らなくても、決して長々と批判をしてはいけません。長々と話せば、あなたには論理性も議論の構築力もないことがバレてしまいます。

それよりはただひとこと、「合成の誤謬《ごびゅう》だな」とか「前提条件がぶれていますね」などとコメントをするのがよい方法です。そういったワケのわからないコメントをしておけば、相手は当然意味がわからないため、論理的に反撃することができません。

この方法は特に初めて会う人たちとの会議で有効です。初めて会う人なら、あなたがいつも非生産的なひとくちコメントしかいわない人だとはバレないからです。

アドバイス4）不安なときは自己啓発本を読むか、もしくは、買い増しましょう

「自分の能力が足りないのではないか？」という不安に襲われたときは、すかさず自己啓発本を読みましょう。自己啓発本を読んでいるあいだは、自分の能力の問題から意識をそらすことができます。

また自己啓発本には読まなくても買うだけで安心できる、という効用もあります。いくつも似たような本を読んだのにそれでも不安な場合も、何冊か本を買い増しましょう。多くの自己啓発本は、読むよりも買ったときに最もあなたを安心させるのですから。

もうおわかりですね。ここでは逆説的な方法でメッセージを伝えようとしています。

人間は弱い生き物です。自分に実力がなくて物事がうまく進まないとき、本当に必要なことは、勉強や訓練により実力を少しでも上げることです。けれど多くの人がそうではなく、長時間働いたり、賢そうに聞こえる適当なコメントでごまかしたり、自己啓発本に逃げたりします。

実際にはそんなことをしても根本的な解決につながることはほとんどありません。また多くの場合、それらは「実力のなさをごまかそうとしている態度」だと周囲のみんなにもバレています。

たとえ回り道に見えても、スキルを直接的に上げる方法を試してみるほうがよほど価値があります。それ以外に「能力のある人」に近づける方法はないのです。

work

アドバイスの正しいもらい方

迷っているときや、決断できない何かがあるとき、他の人に助言を乞うこともありますよね。そういうとき、どうすれば、より有益なアドバイスが得られるでしょう？

(1) 必ず両方の選択肢を質問文に入れる

何かについてアドバイスを求められたとき、相談された人がまず考えることは「この人はどちらを欲しているのだろう？」ということです。

人間の悩みの大半は、本人の心の中に答えがあります。相談された人の役目はそれを「ほら、そこに答えがあるでしょう？」と指し示すことであって、相談者が想像もしていないミラクルな回答を説くことではありません。

なので、たとえば転職すべきかどうか助言を求められた場合、

「すごく強く誘われているのですが、転職すべきでしょうか?」と聞かれたら、「そうですね、そんなに誘ってもらえるなんてなかなかないことだし。真剣に考えてみては?」といいます。一方で、「やっぱり断るべきでしょうか?」と問われれば、「そうですね。生半可な気持ちで決めないほうがいいですね」といったりします。

助言者の多くは「本人が好きなことをするのが一番」と思っているので、「この人はこっちを望んでいるな」と匂う方向があれば、そちらに答えを持っていきます。本人の覚悟を問うためにあえて反対の方向に振ることはあっても、相手の意向を無視して自分の意見を押しつけようとする助言者は多くありません。

したがって有効なアドバイスを得たいのであれば、必ず両方の選択肢を同列に並べて尋ねるべきなのです。

(2) 質問するのではなく自分を理解してもらう

たいていの場合、他人に相談しようと思うほどのことに絶対的な正解はありません。あるのは特定の人にとっての、特定のタイミングにおける最適解にすぎません。

A社に転職すべきか、B社にとどまるべきか。答えはその人の性格、考え方、タイミングや家庭の状況によって異なります。

であれば、有効なアドバイスを得るために重要なことは、「自分がどんな人で、今はどんなタイミングや環境なのか」などについて相手にしっかりと理解してもらうことです。それがわからないまま、「誰であってもA社に転職すべき」とか「20歳でも30歳でも関係なく、A社を選ぶべき」などと助言できる人はいません。

相談するときは、聞きたいことは冒頭で簡潔に伝え、残りは自分を理解してもらうために時間を使いましょう。自分はどんな人で、何が嬉しくて、何が不安で、何が好きで、なぜ今、迷っているのかといったことを伝えれば、相手は「自分と相談者の違い」を理解したうえで助言をしてくれます。

相談者についての情報がないと、助言者は「自分のような人間にとって一番よいと思える答え」を教えてくれます。けれどこれでは、助言者と相談者が人として全く同じタイプでない限り、相談者に適した助言が得られることはありません。

(3) 最後に相手のいいたいことをいってもらう

相談しているあいだ、相手は「質問されたこと」に対して答えています。反対にいえば、「質問されなかったこと」には答えていません。

しかし相談者は本当に聞くべきことを質問しているでしょうか? 本来、「質問すべきことは何か」という最も重要な点についてこそ、自分で決めずに相手に相談すべきではないでしょうか。

もしくはこうもいえます。相談をした相手が、「質問されたから答えたこと」と「これだけはいっておくべきだと思っていること」は、どちらが、より重要である可能性が高いでしょう?

例を見てみましょう。「博士課程に進学するにあたり、今までお世話になった○○先生が他大学に移られるので、私も移ろうかと考えています。でも研究環境は今の大学のほうが恵まれているし、家族もこの街に住みたがっています。いっそ研究室を変えてでも今の大学に残るべきか、悩んでいます」と相談すれば、相手は、有益な助言を与えてくれることでしょう。

しかし、もしあなたが最後に「ありがとうございました。他に何か聞いておくべきことがありますか？　今までお聞きした話と全く違うことでもいいのですが」といえば、助言者は、「ところで、博士課程に進むこと以外の選択肢は考えたの？　文系で博士課程に進むのは大変なことですよ。そこはわかっている？　覚悟はあるの？」といってくださるかもしれません。

そしてそのアドバイスの価値たるや「あらかじめ用意しておいた質問への回答」とは桁違いに高い価値があるのです。

相談される人は、相談をする人の何倍も幅広い知識や経験を持っている場合が多いでしょう。質問をして得られることは、その相手の持つ知見のうち「質問者が思いついた範囲のことだけ」です。しかし「他に何かありませんか？　なんでもいいです」といえば、相手は自分の経験と知識の大海の中から、「その相談者に最も有益なメッセージ」を探しだして語ってくれます。

だから、自分が思いつくレベルの質問はさっさと切り上げ、「相手が大事だと判断すること」「相手がいうべきだと思ったこと」を聞く時間を十分に確保することが重要なのです。

せっかく誰かから助言がもらえるのであれば、できる限り多くのものが得られるよう工夫したいものです。

work

「できる人」のタイプ

どこの職場にも「できる人」がいますよね。みんなが「あいつはすごい」という人。そういう人の類型を、パソコンのスペックになぞらえてみました。

(1) CPUが最新で高クロック数

思考および理解が超高速で、複雑難解な事象もすぐさま理解する切れ者。最近は、複数のプロジェクトを並行して短時間で処理できるマルチタスクな人も多い。

(2) HDDが大容量

膨大な資料や蔵書を有している。どんな資料でも持っていると頼りにされる一方、必要な資料を見つけるのに苦労することもあり、部屋をパーティションで仕切るなど、整理整頓するよう勧告されている。

（3）RAMの装備サイズが大きい

一度見た資料や、目の前で起こったことを詳細まで記憶している。読み上げ算や円周率の暗記は得意中の得意。ただしいったん眠って翌朝になるとすべてを忘れるため、試験勉強は常に一夜漬け。動体視力もよくテレビゲームの動きもスムーズ。

（4）高度なグラフィックボードをつみ、高品質大画面で輝度《きど》も高い

なんでも図解してわかりやすく説明してくれる。いわゆる「プレゼン能力の高い人」。複数のプレゼンを随時切り替えながら説明するのも得意。ただし高CPU人間からは「プレゼンがうまいだけの奴」と陰口を叩かれている。

（5）キーボードが大きく使いやすい。テンキーも独立

とにかくインプットが早い。しかも大量にインプットしても疲れない。資料を読む、大量の数字を読み込むなどの作業について、人の半分の時間で終えてしまって悠々としている。長文の論文もあっという間に書き終えて、周囲を驚かせる。

(6) 通信環境とネットワークが充実

様々な情報源を持っていて、何かあるとすぐに専門家から必要な情報を集めてくる。わからないことがあれば、つぶやくだけで解答やヒントがあちこちから提供される。本人は本も資料も持たず身軽に生きているが、イザというときの情報収集力はすごい。

(7) 拡張機能が充実

現在の実力はたいしたことはないが、成長余力には溢れている。努力と資金量次第では、かなりの地位と実力に上り詰めることが可能と思われる。

(8) 多彩なアプリがプリインストールされている

様々な資格や専門用具をもっている。履歴書の特技資格欄には書ききれないほどの資格名が並んでいるが、中には自分でもどんな資格なのか忘れてしまったものもある。また結局何に使うのか不明な資格も実は多い。

(9) バッテリー容量が大きい

とにかくタフ。何日も徹夜が続き、仲間がみんな疲弊していてもひとり元気を保っている。食事が取れないほどの多忙時でも、体の動きを少なくして省体力モードで乗り切るなど体力管理も巧み。

⑽ ヘルプデスクが充実。メーカー保証も延長済み

何があっても実家の母親に電話して聞くとすぐに解決する。24時間いつでも電話できる。母は、病気や怪我のときはやさしく介抱して治してくれる。

外から見れば、ただひとこと「すごい！」と思える人でも、実はＣＰＵが早いだけとか、バッテリー容量が大きいだけ、という人もいます。多くの人は自分が強いところをうまく活用し、全体として「できる人」に見せているのです。何もかもがすごい人は、実際には多くはありません。

「自分はどれで勝負しようか？」と考えてみてはどうでしょう。ＣＰＵに自信がなければ、バッテリー持久力で体力勝負とか、プレゼン方法を磨いてカバーするなどして、得意分野を絞り「できる人」を目指しましょう。

5

ストレスフリーで楽しく過ごす

おいしい人生

世の中には「食べることにあまりこだわりがない」という人もいますが、ちきりんにとって「食べること」は生きることと同義といえるくらい重要です。

といっても、有名レストランの食べ歩きや高価なお取り寄せを注文することはほとんどなく、ワインにうんちくをたれるわけでもありません。重要なのは「情報」ではなく「味」なので、説明を聞かないと（もしくは値段を見ないと）おいしさがわからないようなものは不要です。

またテレビ番組でも「体にいい」食べ物が次々に喧伝されますが、食べ物の基本は「おいしいこと」です。体によくても味がまずいようなものは、食事として最低限の条件をクリアしていません。

確かに「体にいいもの」を食べ続ければ長生きできるかもしれません。けれど、「おいしくはない（が、体にいいとされる）ものを100年食べ続ける人生」と、「おいしいもの、好きなものを50年ずっと食べ続ける人生」は、どちらがよいでしょう？ ちきりんには「おいしくもないものを100年も食べ続ける」のは苦行としか思えません。

食事がおいしいと感じられるのは、ものすごくレベルの高い幸せです。平和、健康、精神的安定、一緒に食べる人との好ましい関係、時間的余裕、よい食材とよい調理人、最低限の経済力など、様々な条件が揃わないと食事は楽しめません。

それらの条件のどれかひとつが欠けても、ご飯がおいしいとは感じられなくなり、そうなって初めて、人は食事がおいしいことがどれほど幸せなことか実感できるのです。

自由に使えるお金も少ないし、仕事も忙しくてゆっくり食事を楽しめない、という人もいるでしょう。そんな方にお勧めなのは、「週に1食だけはうまいものを食べる！」とか「月に1回だけ、評判のお店に行ってみる」というような「ゆるいグルメ」です。

好きなものを食べればいいので「炊きたてご飯に卵かけ」でもいいし、「近所の店のインドカレー」でもいいと思います。たとえばちきりんは何よりも「白いご飯」が好きで、おかずは常に「ご飯がおいしく食べられるもの」を探しています。

そのために、よく行くのがデパ地下です。デパートの地下食品街には各地の名産が揃っており、その中で自分の好みのものから「旬」のものを探すのです。

一度デパ地下で「日本で一番うまい生たらこだよ」といわれて試食したところ、信じられないほどおいしく「これはご飯に合う！」と即購入しました。

お酒好きの人なら「最高のつまみを探そう」でもいいし、辛いもの好き、脂好き、魚好きなど嗜好に合わせてデパ地下を1時間ほどうろうろしてみれば、すばらしい食材に巡り会えるでしょう。

もちろん値段はスーパーより高めですが、同じ食材をレストランで食べるのに比べたら半額以下で楽しめます。調理法も聞けるし、丸ごとの魚もきちんと下処理してもらえるので、デパ地下巡りはとてもお得な美味探求法だと思います。

もちろんおいしいといわれるお店や地域にいくのもひとつの手です。ちきりんが年に数回どうしても食べたくなるのが「日本海側のお刺身（もしくはお寿司）」です。能登半島から新潟などの温泉地のお刺身、魚介類を食べると、東京や関西の人は「今までは騙されていたのだ」と気がつくでしょう。私たちが日常食べているのはまともな刺身ではありません。格安居酒屋の刺身は「刺身のように見えているもの」にすぎないのです。

またそういった温泉地に行ったとき、高級旅館を夕食つきで予約するのは必ずしも賢い選択ではありません。旅館の夕食はあまりに量（品数）が多すぎ、嫌いなものも混じっていることが少なくないからです。高いお金を払ってわざわざ「おいしく感じないもの」が混じったコースを食べる必要はありません。

最近は食事抜きの予約ができるところもあるので、夕食は地元の評判店を探して食べに行き、朝だけ旅館のご飯を食べるのが黄金パターンだと思います。朝の温泉の後にいただく旅館の朝食は和食好きにはたまらないおいしさです。

ところで、実は食べ盛りの時期は味を楽しむのはなかなか難しいものです。10代後半から20代前半だと、食欲が旺盛すぎて味よりも量のほうが重要。また、おいしさよりカロリーが高いこと（＝脂の多いもの。たとえば野菜より肉など）を体が求めるため、食べるものも画一的になりがちです。おなかが空いているのでやたらと早食いになり、味わう間もなく食べてしまうし、お金がないと「バーガーと牛丼を毎日食べている」みたいな食生活になってしまいます。

なので、「おいしいものを食べよう！」と決めるベストの年齢は30歳くらいでしょう。この頃から体が欲するカロリーは急減します。それなのに今までと同じ食生活をしているから多くの人が太りはじめるのです。しかも「量とカロリーを優先すべき時期」の食生活のまま30代、40代に突入してしまうと、「おいしさの世界」を味わう人生を過ごせなくなってしまいます。

惰性で20代に食べていたものを食べ続けず、30代になったら味覚を取り戻しましょう。そこには「とにかく腹が減っていた時代」には知りえなかった、すばらしい食の世界があるのですから。

お酒と恋愛のマジックパワー

「お酒」と「恋愛」は、いずれも人生を楽しく豊かにしてくれる、とても重要な要素です。なぜならこのふたつは、人を「現実と論理の世界」から遠ざけてくれるからです。

社会にも人生にも、まじめに考えていると辛くなることがたくさんあります。しかも多くの問題や障害は、少々努力したくらいでは克服できません。

そんな中で楽しくラクに生きるためには、現実をすべて見るのではなく、好ましく思えることだけを視界に入れて、ときにはどんなに非論理的であっても、自分に都合のよいように解釈するという方法もマスターすることです。

お酒と恋愛がすばらしいのは、いずれも「見たくないもの」をごく自然に視界から遮断してくれることです。また、客観的に見ればありえないような自己中心的な解釈をも、もっともらしく信じさせてくれます。そういった妄想は自信を回復させ、自分をとても価値ある存在と意識させてくれます。

酒や恋愛に酔っている状態なんてみっともない、という人もいますが、仮にも人が60年以上も生きていくのに「みっともなくない人生」なんてありえません。すべての人の人生は、客観的に見れば「恥ずかしくて目も当てられない」ような有様です。それが生身の人間が生きるということです。

だから「客観的な視点」は気にせず、ときには「酔っぱらっているせいか、よくわからないよね」という判断力を半分くらいだけ稼働させたような状態で、好きに生きていけばよいのです。

もちろん、常にドキドキわくわくのリアルな恋愛モードでいるには高いレベルのエネルギーが必要だし、常に本当のアルコールに体を委ねていては遠からず依存症になってしまいます。なので、リアルな恋愛状態や酩酊状態ではなくても「ちょっとだけ酔っているくらいの思考力」や「恋しているときに特徴的な、自分中心にねじ曲げられた世界観」を持って生きていく、というのがちきりんのお勧めです。

人は人生の節目節目で、しっかり考えることが必要なときもあります。同様に、いくつかのタイミングでは「考えずに流す」ことも必要です。「思考停止はよくない」「俺は逃げているのではないか？」などといつもいつも自分を追い詰めていると疲れてしまいます。

人間の頭や心の中では，常に理性と欲望がせめぎあっています。お酒や恋愛は、そういうとき、欲望側をちょっとだけ支援してくれます。普段は冷静で客観的な人でも、少しだけ盲目的にしてくれるパワーがあるのです。ラクに生きるためには、そういったお酒と恋愛のマジックパワーも大いに活用すればよいでしょう。

コミュニケーション成立比率

「A氏はB氏の発言を常に正しく理解し、一切誤解しない。逆もまた同じ」という状態を「コミュニケーション成立比率100％」と呼ぶとします。理解するとは「同意する」という意味ではなく、「わかる」という意味です。意見が違っても相手のいい分が理解できれば、コミュニケーションは成立しています。

だいたいの比率について説明すると、次のようになります。

90％以上

日常会話、業務上の会話に加え、感情や感覚の説明も、ほぼストレスフリーで理解しあえる。擬態語、擬声語の捉え方も、受信者の理解は発信者の意図と極めて近い。前提を省略した会話も問題なく成り立つ。

70％以上

日常会話の他、業務を共にするうえでも一切ストレスを感じない。ただし、感情、感覚の説明、擬態語、擬声語を用いたコミュニケーション、前提を省略した会話については、ときに誤解が生じる。

50％以上

日常会話に問題はないが、共に仕事をするにはお互いに注意深いコミュニケーションが必要。業務の場合は、話すだけでなく文章化や図解による確認があれば安心できる。

30％以上

日常会話は成り立つが、仕事や議論では、相手のいっていることを理解するのに時間と手間がかかり、お互いにフラストレーションを感じる。誤解や軋轢《あつれき》が頻繁に生じる。

20％以上

日常会話においても、様々な誤解が頻繁に生じる。

20%未満

相手のいっていることが理解できない場合が多い。自分のいいたいことも伝わっていないと感じる。思考構造が違う。

あなたの身近な人、親や子供、友人や恋人、配偶者、同僚や上司、部下とのコミュニケーション成立比率はそれぞれどれくらいでしょうか? そういった近しい人、否応なく関係を持たざるをえない人との比率が低いとつらいし、苦労しますよね。

そういったときには、「世の中にはコミュニケーション成立比率が低く、普通に話していてはわかりあえない人がいる」と開き直ってしまえば、むしろ楽になります。

ときには正直に、「すみません。私にはあなたのいっていることが全然わからないのです」といってみてもいいし、「あなたも、私のいっていることがわかりにくいのですよね?」と聞いてみてもよいでしょう。

「人間同士、話せばわかりあえる」と思うからつらいのであって、「話の通じない人も一定比率でいる」と諦めれば、考えようによっては「今日は3割も話が通じた！」と喜べるかもしれません。お互い理解しにくいことを認めたうえで、そこから工夫をこらせばよいのです。

親子の場合も、「親子だから話さなくてもわかってもらえるはず」と思うから、フラストレーションが溜まります。親子であっても「自分と親はコミュニケーションの成立比率が低い」と認識すれば、なんらかの努力をしようと思えるでしょう。

またコミュニケーション成立比率の高い人だけとつきあっていると、自分が理解できない人に対して、「あいつは頭が悪い」「わけのわからんやつだ」と怒ったり、切り捨ててしまいがちです。

でも、それも単に自分との「コミュニケーション成立比率」が低いだけです。そう考えればむやみに怒ったりいらいらしたりする必要もないとわかります。誰とでもわかりあえるはず、などという幻想を持つから苦労をするのです。

分を知る

ファッション雑誌で「プチセレブな通勤ウエア」という特集を読んで笑ってしまいました。まじめに書いているのか、ダジャレなのか。そもそも「セレブ」は通勤なんてしません。これじゃあそのうち「プチセレブな消費者金融とのつきあい方」も特集されそうです。

とある高級アパレル会社の人が「うちのドレスを買って、クリーニングにだしたら縮んだとクレームをつけてくるお客さんがいて困る」とこぼしていました。

彼曰く「うちのドレスは、洗濯して何度も着ることを前提としてつくっていない」とのこと。数回着たら次のドレスを買う人を想定してつくられた服を、イベントごとに着て、クリーニングにだして、太ったらサイズ直しにまでだす。本来高級ブランドの服はそういう着方を想定していません。だからこそ特殊な素材が使えるし、繊細なデザインが実現できているのです。

外反母趾も同じです。つま先がほそいハイヒールを長時間履いていると親指が曲がって、ひどくなると手術が必要になります。

そもそも「ハイヒールを履いて、毎日地下鉄を乗り継いで通勤する」や「ハイヒールを履いて1日中働く」という使用法は想定外です。ああいう靴は、おでかけは馬車かハイヤーという人向けに、舞踏会（遊びのイベント）のときだけ履く目的でつくられたものです。身も蓋もないいい方ですが、労働者が貴族向けの靴を無理して1日中履いているから、足の指が曲がってしまうのです。

ちきりんは、この「局地的に頑張る」消費スタイルは、日本の総中流意識と奥底でつながっていると感じます。「母親がスーパーのレジパートで働いて、子供を私立校に通わせる」のも同じです。社会階層が明確な社会ではこういうことは起こりません。一部だけ背伸びしても「ひっくりかえせないものがある」とわかっているからです。

一方、総中流社会には「分」という概念がありません。みんな同じ「分」だから、特定のものが手に入るか入らないかは資金力だけの問題だと理解されます。だから資金を一点に集中させれば自分にも手に入るはず、という話になり、それが「局地的に（たとえば家だけは、教育だけは）集中して頑張る」という方法論を呼びます。

でもそういう頑張りは、長期的にはどこかで無理がでます。ハイヒールを履いて1日中働いていたら足がゆがんでしまうのと同じです。分を知って無理をやめれば、生活には余裕も生まれるでしょう。

自分の分を知り、その範囲で生きることは、気楽に楽しく生きる途であり、自然で無理のない生き方なのです。

相手の受信体を理解する

ちきりんの「コミュニケーション」の定義は、「発信者側が感じていることを、受け手側に、できるだけ忠実に再現・再生させること」です。

たとえば、自分が怒っているとしましょう。コミュニケーションとは、相手に「私は怒っている」と思わせることです。そのために「私は怒っている」と発言するのもひとつの方法ですが、何もいわず、怒っているとわかるような態度を取る方法もあります。どちらもコミュニケーションの手段です。

相手がとても敏感な場合は、婉曲《えんきょく》な言葉や方法を選ぶ必要があります。そうしないと「私は怒っている」と伝えたいのに、相手は「激怒していて、もう一生許してくれないだろう」と受け取る可能性があります。これはコミュニケーションの失敗です。

反対にとても鈍感な人が相手なら、「私は怒っている」ことを伝えるために、怖い形相と怖い声で何度も繰り返していわないと、「今日は機嫌が悪いな」くらいにしか伝わらないかもしれません。

このように、「自分が怒っている」というシンプルなことを伝えるだけでも、相手の性格にあわせてコミュニケーション手段を使い分ける必要があるのです。

分解して考えると、コミュニケーションを成功させるためには、

（1）自分が何を相手に感じさせたいか、思わせたいかを正確に理解する

（2）相手の受動体の仕組みと感度を理解する

（3）相手の受動体に送るべき言葉や態度を具体的に選択する

という3つのプロセスが必要です。

自分が何をいいたいかだけを理解した後、すぐに発言してしまっては、相手に誤解を与えることもしばしばでしょう。必ず「相手の受け止め方」を想像してから、それにあわせた伝達方法を選ぶことが重要です。

コミュニケーション能力というのは多くの場合「発信スキル」として語られます。たとえば「話し方教室」的なものや「プレゼンテーションの練習」のようなものです。ここでは、「発信者がいかにうまく表現するか」に主眼がおかれています。

「私はこういうつもりでいったのに誤解された」とか「わかりやすく説明したのに伝わらなかった」という人も、コミュニケーションは「発信」で成否が決まると考えている人です。

けれど、「どう話すか」「どう表現するか」を、話す相手や状況を特定せずに練習しても役には立ちません。同じ言葉でも、相手の性格や場の雰囲気の違いによって相手の受け止め方は異なってくるからです。また言葉は、受信者にとってわかりやすいことが重要なのであって、いくら話し手が「わかりやすいはず」といっても意味がありません。

コミュニケーション能力とは、「受信側のシステムを理解するスキル」です。他者の受信メカニズム、感度や感情のバリエーションに対する知識や理解こそが重要なのです。

普段から同じような立場の人だけとつきあっていると、「こういう言葉は、こういう意味として伝わる」と無意識にすり込まれてしまいます。

学生だけで話す、同じ職業の人だけで話す、同じ年代や性別の人だけで話す、同じ国の人だけで話す、ということしかないと、人は、自分が所属するコミュニティの人の受動体に共通する仕組みや感度を「当たり前のもの」と思いこみ、意識しなくなってしまいます。そしてたまに異なる受動体の人と話すと「なぜ伝わらないの！」と驚きます。

様々な受動体を持つ人とつきあうことこそが、コミュニケーション能力を鍛える最善の方法なのです。

性格は変えられる

「うつ病になりやすい人の特徴」としてよく、「まじめで責任感が強い」「内省的」「心配性でネガティブな方向に考えがち」「几帳面」といった項目が挙げられますが、それを聞いているといつも「まさに自分の性格だなあ……」と感じます。

今のところまだ、うつ病を患《わずら》ったことはありませんが、その理由のひとつはすごく気をつけてきたからだと思っています。「自分だけは大丈夫」と思っている人が危ないと聞くこともありますが、ちきりんの場合はその反対で、「自分は気をつけないと病気になるかも」とずっと心配してきました。ある意味、「予防的な認知療法をやってきた」わけです。その結果、とりあえず今のところならずに済んでいるので、できればこのまま一生患わずに済ませたいものです。

何に気をつけているかというと、まずなるべく「モノを考えない性格の人」とつきあうようにしています。と書くと「ワタシのこと?」「オレのこと?」と驚く友人が何人もいそうですが、これはもちろん悪口ではありません。

楽観的でなんでも前向きに考えて、失敗しても大笑いして済ませることのできる人たちと一緒にいると、「こんなに大変なことでも、こういうふうに受け止めればいいのだ」と学ぶことができます。あまりに呑気に見える友人たちはみんな大事なメンタル・コーチです。

反対に、自分と同じように内省的で考えすぎる人に出会うと、深く理解しあえるメリットはあるのですが、一方で「生きる意味は?」「これが人生で今やるべきことなのか?」と、答えのない議論を突き詰めたり、傷口をさらしあってお互いにピリピリしてしまい、ときには怖く感じることもあります。

「もっともっと考えないといけないのではないか?」と思いがちな自分にとって、何を議論していても、すぐに「難しい話はそこまでにして、とりあえず夕食は何を食べる?」と話を変えてくれる人は本当に貴重な存在です。

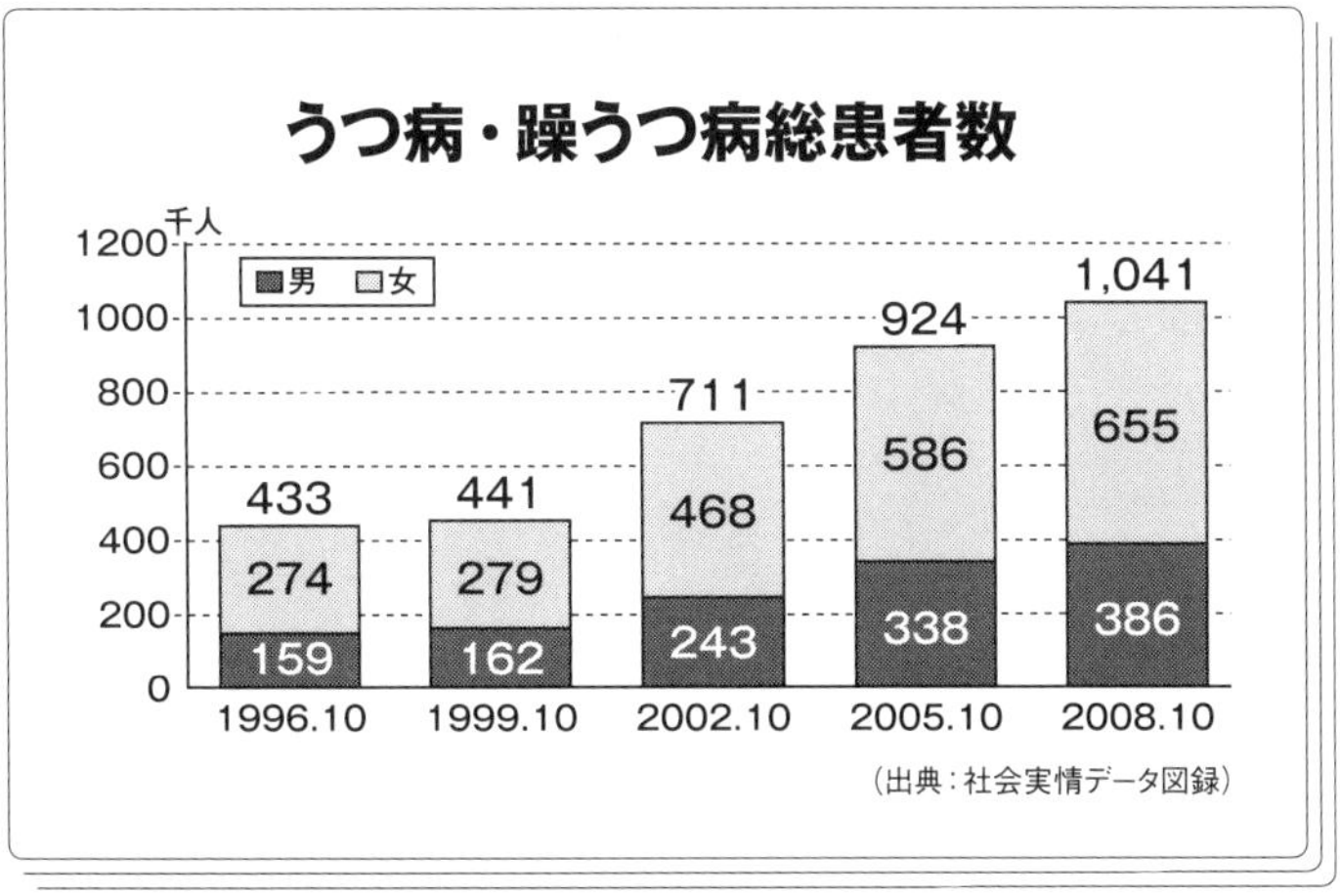

もうひとつ気をつけているのは、「一定以上の努力が必要なことはしない」ことです。別のいい方をすれば、「自分の能力を大きく超えた目標を立てない」ことです。

まじめな人は、いったん高い目標を立てると最後まで頑張ってしまいます。適当に済ませることができず、「できなくてもいいや、仕方がない」と思えません。「なんとかしてやり遂げないといけない」と自分を追い込んでしまうのです。

そうなることが目に見えているので、ちきりんは最初から「頑張らなくてもできそうなこと」を目標にします。そのためよく「努力という概念を知らないヤツ」とか、反対に

「いつも余裕があるよね」といわれます。確かにそうでしょう。できることしかやらないのですから。

「大丈夫かな」と思ってやりはじめたことでも、「あっ、これはかなりの努力をしないと無理だ」とわかった時点でやめます。「お前ならできるはず」などと、おだてられてやる気になったりしないよう気をつけています。

その他、「そんなに頑張らなくていいよ」といってくれた人の言葉を大きく書いて、デスク前など、すぐ目につくところに貼っています。

母は「大事な仕事に寝過ごしたら、神様にありがとうといいなさい」とよくいっていました。「大事な仕事なのに起きられないくらい体が疲れているときに、無理矢理起きなくてよかった。そこで寝られたから、命と健康が守られたのよ」というのです。

その他にも多くの親しい人が救いの言葉を残してくれました。つまらない失敗ひとつで地獄の果てまで落ち込みそうになるとき、「自分の失敗なんか、自分以外で覚えている人はいない。だから自分が忘れたらそれで終わりだよ」といってもらえて、どれだけ助かったか。

そして長いあいだ、「できるだけネガティブに考えないようにする訓練」を続け、できるだけ呑気な人たちと一緒に過ごしていると、感受性レベルも次第に下がってきます。さらに何十年のあいだには気質自体も変化し、最近は自分の性格についても「比較的いい感じじゃない?」と思えるほどになりました。

この経験からちきりんは、「性格は変えられる」と確信しています。もちろん、「完璧なる脳天気さ」を発揮してくれる友人たちを見ていると、「あっ、無理。こうなるには30年かかる!」とは思うものの、昔と今の自分を比べればその変化はかなり大きく、「よく頑張った!」と自分で自分をほめたいくらいです。

たいていの人にとって「成長」とはスキルが向上したり、知識が増えたり、判断力に磨きがかかったりすることを意味するのでしょうが、私にとっての成長とは「できるだけ鈍感になること」「あまり考えこまないようになること」であり、振り返ればそのための

「性格改造」こそが成長の目的であり軌跡であったと思います。

もしも「自分を変えたい」と思っている人がいらっしゃれば、強く信じてください。性格は必ず変えられます。

自分にとっての「妥当な値段」

何かの値段を聞いたとき、「高い」「安い」と感じる個人の金銭感覚には大きなバラツキがあります。たとえば衣料品やファッション雑貨の価格帯は、妥当だと思う範囲に応じて消費者がいくつかの「層＝レイヤー」にきれいに分けられています。

（1）いつも数千円の衣服、雑貨、鞄を買っている人。1点2万円のバッグやセーターは高級品に思える。

（2）2～3万円のものをよく買う。でも、5万円を超えると高いと感じ、「ブランド品だから」など自分を納得させないと買えない。

（3）5～10万円のものを買うことはよくある。でも30万円を超えるスーツやコートは「高いなあ」と思う。

（4）ごく日常的に数十万円のものを買っているが、この指輪は200万円といわれると、買うには「限定品だから」「記念日のプレゼントだから」など特別な理由が必要。

ここから先の人も、数は少ないものの確実に存在します。

（5）日常的に百万円単位の買い物をする。でも、この宝石は1000万円といわれると、主人に相談してから買おうかな、と思うレベルの人。

（6）買い物をするときに値段を見ない人。宝石箱には数百万、数千万円の指輪が並んでいるし、着物から置物まで芸術品レベル。ご主人は数千万円の車に改造費をたっぷりかけて注文し、しかも複数台保有。

ここでおもしろいのは、どのグループの消費者も「自分にとって正当化できる価格」と「自分には正当化できないバカげた価格」のふたつだけを認識しているということです。

たとえば「5万円程度の洋服や鞄はよく買っているが、30万円のコートは簡単には買えない」というレベルの人は次のように考えます。

「この5万円の鞄はつくりもいいし、皮も上質。使い勝手もいいし、それだけの価値はある。一生モノだから安物買いの銭失いになるよりはよっぽどお得だわ。でもこの三十万円のコートは、それだけの価値があるとは思えない。ブランドだからってふざけた値段ね。流行廃りもあるし、汚れやすそうだし、こんなものを買うのはバカげているわ」

この人にとって30万円のコートがバカげた値段である本当の理由は、それが自分には簡単に買えないものだからですが、人はそれを「バカげた価格」と呼ぶことにより、それを買わない自分を正当化します。

他の層の人も同じです。つまりモノやサービスの「客観的に妥当な値段」などというものは実際には存在しないのです。

こんなことが起こるのは、市場が分断されていて、消費者には自分が手の届く範囲と、その一段上しか見えないためです。一般的に、日常生活において消費者は「自分がバカげた値段だと思うものを、日常的に買っている人」にもあまり会わないし、「自分がお得だと感じているもの」を「バカげた値段」だといい切る人とも深くは知り合いません。

また、販売側も意識して情報を遮断しています。超高級ブランドはテレビや新聞には広告をださないし、店舗の入り口を重厚感と威圧感のあるつくりにし、「間違った人」が入ってこないように工夫しています。

そのためすべての人が「賢い消費者としての自分」を信じ、楽しくお買い物ができるというわけです。

一方で経済成長とは、人々が妥当だと思う値段が少しずつ上がっていくプロセスです。ホテルも昔は1泊1万円で高級でしたが、バブル期には1泊2～3万円でも「妥当な値段」となり、ここ数年で都心に進出した欧米ホテルでは1泊4～6万円です。

供給側は妥当な値段を切り上げるため、「究極のサービス」「世界のセレブの定宿《じょうやど》」などのストーリーを喧伝します。いかにして人々が感じる「妥当な価格」を引き上げていくか。そこがビジネスの腕の見せどころです。

でも消費者がそんな幻想に乗せられて自分にとっての妥当な値段を切り上げてしまうと、お金はいくらあっても足りなくなるでしょう。

高度な資本主義社会では、モノもサービスも「本質的な価値」とは無関係の価格がついているのです。自分の財布の中にあるお金で買えるものが「妥当な価格」なのであり、借金をしないと買えないもの、リボ払いをしないと買えないものは「自分が買うには妥当ではないもの」なのだと理解しましょう。

運命と戦うか、受け入れるか

運命には、「戦う」という方法と「受け入れる」という方法があります。特に、過酷と思われる運命に襲われたとき、ある人は諦観してそれを受け入れます。またある人は、簡単にはその結果を受け入れず、徹底的に戦おうとします。

運命の出来事に関しては、戦っても受け入れても大きく結果は変わらないかもしれません。運命とは定義としてそういうものです。しかし、運命を受け入れるか戦うかによって、人生は大きく変わります。「戦う人生」と「諦めて別の途を選ぶ人生」は全く異なる人生となるでしょう。

戦うか、受け入れるか。それによって変わるのは結果ではなく経過です。だから勝ち目があるかどうかによって決めるのではなく、「戦う人生を送りたいか」どうかによって、決めるべきです。

歴史上も、もちろん今も、過酷な運命と戦っている人はたくさんいます。戦わないで諦めたほうが楽な人生が送れるのに、そうしない人もいます。そういう人にとっては、「諦めずに戦うという選択」自体が重要なのです。

一方「戦わずに諦めて、別の途で人生を築こう」とすることも、決して卑怯なことでも、人の弱さを表すものでもありません。それはそれでひとつの人生のあり方です。

人生を生きるのは自分です。「戦うべき」も「受け入れるべき」もありません。理屈ではなく、どういう人生を送りたいか、これからの時間をどう使いたいか、というシンプルな選択なのです。

結婚するもしないも個人の自由

結婚という制度は不思議なことが多いものです。

まず理解しがたいのは、他のことに関しては「多様な生き方が認められるべきだ」と主張する（一見）リベラルな人まで、こと結婚や子供を持つことに関しては「結婚して当たり前」「子供がほしくないなんておかしい。こんなにかわいいのに」などと、恥ずかしげもなく、「特定の生き方」を押しつけてくることです。

転職相談であれば「人生は一度きりだから、悔いのないように自分のやりたいことをやるべき」という人が、同じ口で「私は結婚しない」という人に、「えーどうして？」などといってはばかりません。なぜ転職相談と同じように「人生は一度だから、どちらでも好きなほうを選べばいい」という話にならないのでしょう。

また、「結婚すべき」と主張する人たちの理由がどれもあまりに筋が通っていません。たとえば「ひとりだと老後が寂しいぞ」という人がいますが、結婚しても夫婦が同時に死ぬという稀なケースを除き、最後はみんなひとりです。

子供が親と同居していた時代ならともかく、今後、結婚しているかどうかや子供がいるかどうかと老後の寂しさが直結するとは思えません。しかもそんな先の話のために、保険として結婚するなんてナンセンスにもほどがあります。

さらに、結婚に関して人が使うお金の額が尋常とは思えません。誰がだしているかはともかく、たった1週間ほどのイベントに半年分もの年収に匹敵する額を消費するのはいったいどういう合理性があるのでしょう?

また、

・男性の年収の高低が婚姻率と関係していること(=年収が低いと婚姻率が低い)
・不況になると女性の専業主婦願望が増えること
・女性のキャリアに天井感がでてくる三十代半ばから婚活をはじめる女性が増えること

・ずっと遊び人で通してきた金持ち男性が、五十代近くになって若い女性と結婚すること

などを見ていると、男性も女性も、非常に現実的な役割を「配偶者」に求めているのだとわかります。しかしそれらは個別の結婚というイベントの前では決して語られることがなく、ひたすらに「愛」だけが強調されることには、正視できない気恥ずかしささえ感じます。

結婚や子供を持つのを奨励することが、権力者にとって重要であることは理解できます。もともと結婚制度は、「種の保存」という根源的な動物的本能を社会化した制度であり、そのために宗教とも強く結びついています。キリスト教はアダムとイブに象徴されるカップル文化だし、儒教の「家」概念も結婚制度と強く結びついています。

また国家にとっては、子供の数＝人口こそが国力であるため、為政者は常に結婚や出産を奨励します。戦争中の「産めよ増やせよ」と、現代の「こんな少子化が続けば日本経済の先行きが暗い」という考え方は全く同じです。

しかしながら、他の多くの面では私たちは、個人の人生選択の自由さを称え、生き方の多様化を賞賛してきています。そうであるなら、そろそろ結婚という制度についても特別視することをやめるべきではないでしょうか。

結婚するもしないも個人の自由だし、するべき・しないべきなどという議論自体がバカげています（会社員であるべきか、自営業であるべきかの議論がバカげているのと同じです）。また、婚活や結婚を「人生の大イベント」に仕上げることによって、葬式同様、極めて不透明な価格設定がまかりとおる状況にもそろそろピリオドを打つべきではないでしょうか。

一度きりの人生、自分の好きなスタイルで生きていけばよいのです。

「自分の表現方法」と出会う

インターネット上で多くのユニークなウェブプログラムを発表しているphaさんという方と対談したとき、「プログラミングを知ったことで、自分に適した表現方法に出会った」ということをいわれていました。この言葉を聞いてちきりんは、「プログラム＝表現方法」なのだと初めて認識しました。

人間はみな自分の中に「何か」を持っています。それらはなんらかの表現方法を通して伝達可能な形にしないと他人には理解されません。それどころか、表現方法というフィルターを通さないと、自分自身でさえそれが何なのか意識的に理解できないこともあります。

誰かに自分のことを伝えたい、理解してほしい、自分自身、今自分の中にあるものを理解したい、というのは、誰もが持つ自然な欲求です。だから、その「自分の中の何か」をうまく表現できる方法やツールを手に入れられたら、とても幸せでしょう。

そういうツールとしては、

・話し言葉
・書き言葉（散文）
・短歌・俳句、詩、コピーのような言葉、韻文
・演芸（落語、漫才、洒落など）
・写真
・絵
・デザイン、意匠
・楽器
・メロディ、曲、リズム
・声
・体（踊り、体操、表情など様々）
・演技、劇
・映像

・料理
・プログラム
・創造物（建造物、モノ、現代アートなど）
・働き方やビジネス
など、いろいろあります。

実はこれらの多くは義務教育の段階で体験することです。作文を書いて、絵を描いて、韻文もつくってみるし、音楽の授業では歌って楽器にも触ります。運動会には踊り、文化祭では演技もします。つまりそれらは、「何かひとつくらい自分にぴったりな表現方法を見つけましょう」という教育だったのでしょう。

今はまだプログラミングは小学校の授業にはないでしょうが、それが表現方法でありえるなら、それも早めに子供たちに体験させればよいかなと思います。

ちきりんは「書き言葉」という比較的一般的な表現方法で自分を表すことが得意でした。そういう子供はとてもラッキーです。でも、そうでない子もたくさんいます。

自分に合った表現方法が見つからなくて、周りの人に理解してもらえなかったり、自分自身が自分の感情をうまく扱えなかったりするのはつらいことでしょう。わかってもらうことを諦めたり、拒絶したり、絶望することもあるかもしれないし、暴力や「閉じる」という行動で自分を表現しようとする人もでてきます。

なので、そのツールとなりうるものの選択肢はできるだけ多く、誰もが通う義務教育の中で触れる機会があればいいと思います。また、「自分の表現方法と巡り会う」という教育目的を明示的に伝えることも役に立つのではないでしょうか。

今もしあなたが、「誰にも伝えられない、誰にもわかってもらえないことがある」と感じているとしたら、それはコミュニケーション能力が低いわけではなく、もしかしたら「自分の表現方法とまだ出会っていないから」なのかもしれません。

旅の効用

ちきりんは旅行が好きで、学生の頃から毎年あちこちに旅しています。大学に入った当初は東京から鉄道で北海道や東北に行き、ヒッチハイクをしながらユースホステルに泊り歩いて旅行しました。その後は海外へ行きはじめ、今までで訪れた国は50ヶ国を超えています。

海外へ行きはじめた頃は西欧を中心に回っていましたが、より違う国を見たいという気持ちから、ゴルバチョフ書記長時代のソビエト連邦（当時）に行ってみたり、5月1日のメーデーにあわせてキューバを訪れたりもしました（カストロ議長が演説していました）。

30代前半までは予定も決めず、ひとりで大きな鞄を抱えての自由旅行でした。エジプトのルクソール空港に降り立ったときは、私以外の乗客は全員がツアー客で、うろうろしているあいだにみんな観光バスに乗っていなくなってしまい、公共交通機関の存在しない空港で途方にくれました。長距離列車に乗り間違い、南仏に行くはずがスペインに着いてしまい、片田舎の国境の町で人生初めての野宿も経験しました。

最近でこそ、リゾート地のラグジュアリーホテルに泊まることもありますが、学生の頃はクレジットカードも持っていなかったので、毎日財布の中身を気にしながらその日のホテルを探したものです。

アフリカや中東にまでひとりで行ったというと「勇気があるね」といわれますが、どちらかといえば私は恐がりで、旅立つ前はいつも不安です。加えてめんどくさがり屋なので、旅行の計画を立てるのも好きではありません。最近は「若者が海外旅行をしない」といわれますが、その報道の真偽はさておき、慣れ親しんだ日本で遊んでいるほうが楽しいという気持ちはよくわかります。

にもかかわらず、なぜこんなに海外に旅行するのかといえば、外国に行くと「自分がいかにつまらない存在か」ということを思いださせてもらえることが多々あるからです。

日本で普通に暮していると、時間を経るごとに、自分の家族や仕事について、大事で価値あるものだと思いはじめます。ちきりんも昨年まで携わっていた仕事に誇りを持っていたし、会社にも社会にもそれなりに貢献できていると思って働いていました。

けれども、ケニアで1週間、毎日毎日サファリカーで草原を駆けながら大地に沈みゆく太陽を眺めていたり、数千年前のミイラがまるで生きたままのような様で発見される砂漠の街でウイグル族の市場の喧噪に囲まれていたりすると、自分の仕事なんて地球上のシミにも及ばないほど狭いエリアの中でしか、意味を持たないものだと理解できます。

日本でずっと働いていると、仕事を離れることが怖くなったり、仕事のない人生を想像できなくなったりします。でも、「見方によっては仕事もどうでもいいかも。狭い狭い範囲でちょっとだけ他の人より経験が長いだけだし」という視点がでてくると、「よく考えたら、そこまでこだわる必要もないかもね」と思えてきます。

また、自分の存在についてさえ同じことを感じます。日本にいて、自分の家族や知人の中で過ごしていると、自分という人間は「大事な存在」だし、みんなに知られた存在でもあります。でも一歩、世界にでれば、誰も私など知りません。

インドをひとりで旅行したとき、酷い暑さに気分が悪くなり、埃だらけの道ばたで横たわって休んでいました。そのとき、「私が今ここで死んだら、どれくらい後になって私の家族はそれを知るのだろう？」と思ったことがあります。実際に周囲には、生きているのか死んでいるのかよくわからない人たちが何人も横たわっていたので、私もその中のひとりとして埋没してしまいそうに思えたのです。

でも同時に「こんなにたくさんの人がいて、毎日毎日たくさんの人が死んでいるんだから、私の人生がここで終わっても、それはまたそれで仕方ないのかも」と妙な諦観を覚えました。周囲に横たわる人と自分の存在価値に大きな違いがあるとは思えなかったのです。

旅することのメリットは、自分もまた地球上の生物の一個体に過ぎないということを体感できることです。地球上にはあまりに多くの人が存在していて、自分ひとりいようがいまいが何の影響もありません。特別な存在でも特別な人生でもないのです。

人は生活の中で様々なものを手に入れ、年を取るごとに自分の持っているもの――仕事やキャリア、家族や人間関係、環境や資産について、ものすごく大事で尊いもののように思いはじめます。そしていつしか、それらを手放すことが怖くなります。

ところが全く違う場所に行くと、「そんなに必死で守る必要があるんだっけ」と思えたりします。どちらの見方が正しい、というわけではありません。同じものをふたつの視点から見られるようになるのです。自分の存在や信じているものの価値を相対化できるようになるのでしょう。

だから海外で強烈な体験をして帰国するときには、精神が少しだけ開放され、一歩自由になった自分を感じることができます。それがちきりんにとっての海外旅行の大きな効用なのです。

おわりに

自由であること

ちきりんは高校生の頃、友達と旅行に行きたい、留学したいなど様々な希望を両親に伝えましたが、いずれも父の許可が得られず実現しませんでした。グズグズと駄々をこねる私に父は、「やりたいことは、自分で稼ぐようになってからやれ」とよくいっていました。そのたびに、早く自立したいと強く思いました。高校生のちきりんにとって、経済力は「自由へのパスポート」だったのです。

しかしその後、自分で生活するようになって初めて、私は「自由に生きる」ことの本当の意味を理解しました。経済力を手に入れても、自分は全く自由などではなく、強く縛られていると感じたからです。

自分を縛っているもの、それは社会規範であり世間の目です。しかしさらにいえば、自分の心の中にある「自己保身欲」や「プライド」、「不安感」といったものが自分の生き方を強く縛っていて、本当の意味で自由に生きることを妨げていると気がついたのです。

形式的に自分を縛るもの、たとえば家族のために働く必要があるとか、介護や育児をしなければならないというわかりやすい縛りがあると、まるで自分はその縛りがなければ自由になれるかのような幻想に浸ることができます。高校生のちきりんが「経済力さえあれば自由になれる」と信じていたように、です。けれど、そういった「安直な言い訳」から開放されると、人は本当に自分を縛っているものと対峙することになります。

ちきりんは一度も自分の収入以上の生活をしたこともないし、幼稚園から大学院まで寄り道せず進んできて、社会人になってからはずっと正社員で働いてきました。もしも自分が本当に自由に生きてきたなら、こんなふうになっているとは思えません。

自分に対して自分で「まっとうな人生」の枠を設定し、その範囲内だけでやりたいことを選んできた、その結果がこういう人生につながっているのです。残念ながら「自由に生きてきたが、たまたまその枠内だった」といい張れるほどには、私は厚顔でも無知でもないのです。

多くの場合、本当に自由に生きている人は、「火宅《かたく》の人」であったり「破綻した人格」といわれていたり、のたれ死にに近い形で人生を終えていたりします。もちろん、そうなりたいといっているわけではありません。

しかし、そうやって生きた人たちがおそらく経験したであろう「精神の自由」というものがあまりにもまばゆく、尊く、貴重なものに思え、そういうものを一度も体験しないいま人生が終わってしまうと想像すると一種の焦燥感に襲われるのです。

自由に生きないことと引き替えに、ちきりんは「それなりの人生」を手に入れました。それでも、一生に一度も自由に生きられないというのなら、私が私に生まれてきた意味はどこにあるのでしょう?

昨年、長年勤めた会社をやめ、現在は「働かない生活」に入っています。そして今は、もう一度、自由に生きるということに挑戦してみたいと思っています。

この本には過去5年間にブログに書いてきたことの中から、ちきりんの考え方が強くでているようなものをピックアップし、大幅な加筆・修正のうえ、新しい原稿も加えたものです。自分も含め多くの人が捕らわれがちな規範（といわれているもの）の滑稽《こっけい》さ、バカバカしさを表現してみました。読者の方だけでなく、自分に向けても「つまらない規範から逃れて自由になろう！」というメッセージを送りたかったのかもしれません。

人生のうち、ごくごく短い時間でもいい。
自由に生きていきたいです。

楽観的であること──「よかった確認」

ちきりん家には「よかった確認」という習慣があります。どんなに絶望的に思えることでも、その中になんらかの意義を見いだし、「よかったね」と確認するというもので、ちきりんの母はこれの天才です。

道に迷ったときに「ダイエットになってよかったね」というくらいは序の口で、誰かが飲み物をこぼすと、床を拭いた後、「汚れていた床の掃除ができてよかった」といいます。

旅行先が空いていれば「混雑がなくて疲れなくてよかった」、混んでいれば「活気があって楽しかった」、病気をすれば「健康のありがたさがわかってよかった」となります。

大混雑のイベントで財布を盗られても、「お金で済んでよかった」ですし、他の章にも書きましたが、大事な仕事に寝坊をして遅刻したときにさえ、「そんな大事な日に起きられないなんて、相当疲れていた証拠よ。もしも起きられていたら、無理がたたって病気になったかもしれない。起きられなくて（倒れる前に体力が回復できて）本当によかったね」といってくれます。

このように、何か悪いことがあると必ず誰かが「よかった確認」をする家で育ったため、今ではちきりんも、つらいこと、哀しいことがあったとき、泣いたりわめいたりしながらも、「よかった」部分を探す癖がついています。

ちきりんが日本の将来について基本的にはとても楽観的であることも、ここから来ています。「不況でよかった」「田舎でよかった」「英語が苦手でよかった」「モテなくてよかった」など、何につけても「よかった」面を確認しながら生きていけば、世の中も人生も捨てたものではありません。

物事にはよい面と悪い面があるのです。どうせならよい面をより多く見て生きていけば楽しく暮らせます。わざわざ悲観的に考える必要など、どこにもないのです。

というわけで、ちきりんの考え方の根底には、このふたつの原則があります。

1．自由に生きる、ということ。誰かと比べられるのでも社会に評価されるためでもなく、自分のために生きよう、ということです。

そして、

2．モノは考えよう。世の中はいうほど暗くない。楽観的に生きよう、ということです。

自由に、そして、楽観的に、人生を楽しみましょう！

そんじゃーね。

[参考文献]

谷崎松子『倚松庵の夢』(中央公論新社刊、1979年)
藤川 太『サラリーマンは2度破産する』(朝日新聞社刊、2006年)
岡崎昂裕『自己破産の現場』(角川書店刊、2003年)
やましたひでこ『新・片づけ術「断捨離」』(マガジンハウス刊、2009年)
金子由紀子『お金に頼らずかしこく生きる 買わない習慣』(アスペクト刊、2009年)
Robert Earl Kelley『The Gold-Collar Worker』(Addison-Wesley 刊、1985年)
堀江貴文、西村博之他『就職しない生き方 ネットで「好き」を仕事にする10人の方法』(インプレスジャパン刊、2010年)
三浦 展『下流社会 新たな階層集団の出現』(光文社刊、2005年)

本書は「Chikirinの日記」（http://d.hatena.ne.jp/Chikirin/）のエントリーの中から厳選した原稿へ大幅な加筆・修正をしたうえ、新たな原稿を加えたものです。

［著者紹介］

ちきりん

関西出身。バブル最盛期に証券会社で働く。
その後、米国の大学院への留学を経て外資系企業に勤務。
現在は「働かない生活」を謳歌。
崩壊前のソビエト連邦などを含め、
これまでに約 50 カ国を旅している。
2005 年春から“おちゃらけ社会派”と称して
ブログ「Chikirin の日記」を開始。
月間 100 万以上のページビュー、
日に 2 万以上のユニークユーザーを持つ。

ブログ：http://d.hatena.ne.jp/Chikirin/
Twitter：@insideCHIKIRIN

ゆるく考《かんが》えよう
人生《じんせい》を100倍《ばい》ラクにする思考法《しこうほう》

2011年2月7日 第1刷発行
2012年3月20日 第6刷発行

[著者]
ちきりん

[装幀]
石間淳
[本文デザイン]
吉良久美
[本文DTP]
小林寛子
[編集]
花澤貴大

[発行人]
本田道生
[発行所]
株式会社イースト・プレス
〒101-0051
東京都千代田区神田神保町2-4-7 久月神田ビル8F
TEL 03-5213-4700　FAX 03-5213-4701
[印刷所]
中央精版印刷株式会社

ISBN978-4-7816-0517-3